人生ほの字組

EXILE NAOTO

JN244741

幻冬舎文庫

EXILE NAOTO

(EXILE, 三代目 J Soul Brothers)

文庫版 CHAPTER ── ONE

Christina Paik
×
NAOTO

SPECIAL PHOTO SESSION

photography_Christina Paik

文庫版 CHAPTER TWO
CRAZYBOY
進捗についての
ご報告

CRAZYBOYことELLYのクレイジーっぷりに拍車がかかっている。

先日ロスに行った時の話だ。

別々の仕事だったが、偶然時期も一緒という事でタイミング合えば飯でもなんて話を日本でしていた。
それだったら同じホテルが何かと便利だろうなと考えた自分は、ELLYのホテルを聞いて同じホテルを予約した。

その選択がこんなにもメンバー**内格差を痛感**する事になるとは、

是非皆さんにもご覧頂きたい。

自分よりも早くチェックインしたELLY。
そのチェックイン時の写真がこれだ。

いやいや人数!
何この出迎え感!?
明らかに偉い人揃ってるよね!

ドラマ「HOTEL」のアメリカ版スタート!みたいになってるわ! 高嶋政伸さんの立ち位置の人やんちゃ過ぎるだろ!

そしてこれが自分のチェックイン時。

格差!!

同じメンバーでこの格差何!?

夜か! 夜だからかな!

おーい後ろの人〜せめてこっち来て〜
日本からはるばるやって来たよ!

しかも皆さんお気づきだろうか?
ELLYの足元を。

なんか乗ってるー!
セグウェイ的な物乗ってるー!

日本からこれ持って来たの!?
めっちゃかさばるやつ! スーツケース入れても配置難しいやつ!

旅をしやすくと思ってめっちゃ荷物減らして来た俺がなんか女々しいわ!

聞いた話によると、ELLYは車でホテルに到着してから自分の部屋に入るまでずっとこのセグウェイを降りなかったらしい。

いや、すげーぜ。
仮にもホームではない異国の地。

そこにやって来て、この人数で出迎えられてもなお、自分のスタイルを貫き通す力。

名作「刃牙」シリーズを生んだ板垣恵介氏はこんな事を言っている。

強さとは己の意を通す力。つまり我儘を突き通す力。

その視点でいうとELLYは最強である。

そしてこのまま受付に向かったELLYは、持っていたバッグからドル札の束をドンとカウンターに置いて支払いをしようとしたところ、受付の方から、

「No. Card only.」

とピシャリと断られたという。
唯一ELLYに黒星を付けたのは彼女だったのかもしれない。

一方自分はといえば、誰に出迎えられる事もなくいたって普通に受付に行った際、

「日本から今日スーパースターが来ているけど知ってるか?」

なんて聞かれてしまった。

一体何処で!? **何処でこんなにも差が開いてしまったのか!!**
そんな憤りを抑えながらもなんとか、

「Yes.
He is my friend.」

と、俺友達だぜ、すげーだろ感をつい出してしまい、なんならその恩恵に与ろうなんて一瞬でも考えた自分は、その瞬間**世界でも指折り**のダサさを誇っていたに違いない。

以上CRAZYBOY ELLYの進捗についてのご報告でした。引き続き調査を続けさせて頂きます。

CONTENTS

PROLOGUE
人生ほの字組、書籍化にあたり

いよいよ奇跡が起きてしまった。

この度なんと私NAOTOが、この月刊EXILEという公共の場をお借りして自己満足を遺憾なく発揮してきたコーナー「ナオトの人生ほの字組」の書籍化が決定してしまったのだ。

恐ろしい……

いやうれしい…… でも恥ずかしい。

これ本屋に並んじゃっていいんですか!?

え…… まず何コーナーに置かれるの?

趣味コーナーでもないし、参考書コーナーでもありますまい。

自己啓発本とかと一緒に置いてみてはどうだろう。

いやダメだろ。

これで啓発されたという人は、一度医者に診てもらうか、インドあたりにバックパッカーして自分探しの旅にでも出てもらいたい。

もしくは断捨離してマクロビして過去の自分とはお別れーー!! 的なやつをする事をオススメする。

ジャンルがわからないんです。
やっている本人でさえ。

企画をはじめる際、ファッションもやりたいし、ちょっと笑える何かもやりたいという欲張りな願望から誕生したこのコーナー。

コラムとファッションページ。

やっていくうちに、いつかこの2軸がクロスオーバーしていく事を願いつつ始めて早3年……

一向に交わらないよね。

なんだろ? 全然無理。

水と油。

環七と環八。

書籍化にあたって、過去のコラムや写真を見返してみました。

まぁ恥ずかしいのなんのって。

自分で読み返すと、サム過ぎて冷や汗モノのやつがいくつもある。

「ちょっと笑える何か」なんて言いましたが、実際笑ってもらえる自信もないわけで……

でも「いつも読んでます! おもしろいです!」なんて言われると、まんざらうれしいわけで……

詰まるところ

テメーがいちばんかわいいわけで……

この本を出せるのは、いつも月刊EXILEを読んで下さる皆さま、そして月刊EXILEを作っているスタッフの方々、そして何と言っても数々のネタを提供して下さるEXILE TRIBEのメンバーの皆さまのおかげでございます。

そのすべての皆さまに感謝します。

あ、**親父**もか。いや、親父に関しては登場する事を喜んでるしな。感謝のひとつもしてもらいたいくらいだ。

#毎回自分が出たあとの、周りからの感想メールを俺に転送してくるのはやめてほしい。

#メールのやりとりの**中**でどんな文章でも**最後**に「...」と付ける変なクセをやめてほしい。

#その「...」の**理由**をメールで問いかけたら「**余韻**」と答えてくるのをやめてほしい。

#いやそこ「余韻...」じゃないんかい!!

皆さまへの感謝を述べるつもりが、親父への不満をぶつける文章になってしまった。

「いつどんな風に書いているんですか?」とよく聞かれたりします。
実はこのコーナー始まって以来、ずっとスマホで書いています。なので、実はいつでも何処でも書けるんです。

仕事の合間や、ちょっとした待ち時間に少しずつ書く事もあれば、長い移動中に一気に書いたりする事も。

生まれて初めて"締め切り"だとか"校了"という言葉に毎月ドキドキしてます。

でも不思議と嫌な気はしないんです。

そんな作家先生プレイに酔いしれている自分がいるんです。

本当は**畳**の**部屋**で**着物**を着て、ひたすら茶色い机に向かってボツになった原稿を丸めた紙に埋もれながら書き、やってきた編集者に対して「帰りたまえ!」なんて言ってその**丸めたボツ原稿投**げつけるプレイとかしたいんですが、あいにくメールです。

そして編集者さんにいつも遅くてすみませんと頭が上がりません。

だいたい速いと15分、長いと3日くらいダラダラと少しずつ書いてます。

調子がいいときは「俺の脳みそ超キレッキレ〜」となりますが、全然書けないときは「なーんでこんな事始めちゃったかなぁ」と負の無限ループにハマってます。

そんなこんなで、この自己満足の積み重ねがこうして書籍として世に出るのは、何物にも代えがたい喜びを感じます。

どうか皆さまの家の本棚のお荷物にならない事を祈って……

CHOCOMOO

×

NAOTO

SPECIAL PHOTO SESSION

photography_Kazuki Nagayama(S-14) styling_Lambda Takahashi(Shirayama Office)
hair_Go Utsugi make-up_MICHIKO FUNABIKI
illustrator_Chocomoo composition_NAOTO

CHAPTER — ONE — CHOCOMOO×NAOTO — SPECIAL PHOTO SESSION

VOL.01
この男、真面目につき

EXILEメンバーでもあり、三代目 J Soul Brothersでも一緒にリーダーとして頑張っている直己。2チーム一緒にやってるだけあって、まぁ一年とおして「付き合ってないよね?」ってくらいたくさんの時間を共にしてます。

この男……、とにかく真面目です。

僕が今まで出会ってきた人たちのなかでも一番です。

それもそのハズ。中学の頃はもちろん学級委員、しかもその学年の学級委員全員を束ねる学年委員とやらに就任していたみたいです。

男の中の男。

光栄中の光栄。（by SHO KICHI）

真面目の中の真面目。
（by 直己）

そんな直己、今でこそ筋肉バッキバキで風貌からしてただ者ではないオーラを醸し出してますが、中学生のときはまさかの合唱部。
一度、直己の合唱部時代の映像を観せてもらいましたが、滝廉太郎さんかっ!? てくらいの丸メガネに、遠藤周作さんかっ!? てくらいの横

分けで、合唱コンクールでムンクの「叫び」のあの人が憑依したような顔で歌ってました。

いやいや、せっかくの谷川俊太郎さんの美しい歌詞を、そんな破壊と狂気に満ちた顔で歌われても!! 一生懸命にも程があるでしょ（笑）。

笑い過ぎて腹がちぎれるかと思ったわ!!

舞台とか映画を一緒に観ても、その後のコメントもすごいんです。

いちいち深い（笑）。

監督も役者もそこまでは考えてないんじゃね? ってくらい深読みしていて、思わずその観方楽しめる? って質問したくなります。でも彼の頭のなかではいろんな妄想が膨らんでる。

とにかく真面目なんです。

ある日の出来事でした。いや、悪気はなかったんです。ちょっと魔がさしたというか、ユーモアのつもりで直己にいたずらしてみたんです。

『進撃の巨人』というマンガが僕は好きで、直己にもオススメして1巻を貸してたんです。そして2巻も3巻も発売され、ある日僕が楽屋で3巻を読んでいたら、

「あれ! もう3巻まで出たんすか!?
NAOTOさん、また貸してもらえないで
すか!?」

と言ってきたので、
「いいよ! でも2巻は家だから明日持って
くるよ!」

と返しました。
そのとき、ひらめいてしまったんです。

3巻に2巻のカバーをして貸しちゃおうかな?

マンガを読んでいる人ならわかると思いますが、途中のストーリーが飛んでるのに、その先を知るのって本当に嫌じゃないですか? ましてや相手はあの直己。

絶対嫌なはず! しかも2巻ってめっちゃ重要(笑)。

だからこそやりたくなってしまった。

僕はその衝動を抑えられなくなっていました。

次の日胸を高鳴らせ、ニセ2巻をカバンに忍ばせ家を出ました。

仕事が終わり、帰りの車の中、

なに食わぬ顔で直己にニセ2巻を。

うれしそうに、

「帰ったら読みます!」

と、ニコニコ帰って行く直己。

しかし、次の日はPVの撮影。朝5時起きのはずだから、もう3時間くらいしか寝られないはず……。そんな短い貴重な睡眠時間を削ってまで、直己はニセ2巻を読むのだろうか? そしてそこまでして読んだ2巻の中身が、実は3巻だったなんて(笑)。

不憫だわ!

どんな顔するんだろ? と、わくわく考えてたら逆に俺が寝れねーよ、と自分に突っ込みながらなんとか寝て次の日の早朝……。

自分が先に車に乗っていて、あとから乗り込んできた直己……。

ドキドキ……、さぁこの時間がやって参りました!

思いっきり罵ってくれ!

なじってくれたまえ!

こちとら悪い事した自覚
は満々だぜ!

……

「おはようございます」

ん?

意外に普通。

あれ?

何で?

もっとあるじゃん!!

「この撮影前の忙しいタイミングで何してくれんすか!?」

とか、

「気になり過ぎて、夜中都内のBOOKOFF制覇しちゃいましたよー!!」

とか、

あるじゃん……

なのに何でそんなしれーっとしてるのー?

は! ま、まさか
読んでないパターン!

何だよー、それいちばん冷めちまうよー。

もしくは本当に怒ってる?
ちなみに直己は意外と短気です(笑)。

それか、またNAOTOさん変な事やってるよ!

はいはい、わかったから的な大人プレイか!?

だとしたら、いちばん惨めなのは俺!

せめて言葉にして
叱ってくれ!

生ごろしかっ!

一人で勝手に悶々とする俺。

ええーい!! 我慢できないっ!!

俺:「直己、マンガ読んだ?」

直己:「え? あ、はい! めっちゃ、おもしろかったですよー! まさかあんな展開になるとはー」

って真面目か!?

嘘でしょ?
おもしろい訳ないじゃん!

も、もしや、この人、1巻と3巻を自分の頭の
なかで強引に繋げていらっしゃる(爆)!!

さすが妄想マスター! 多分頭のなかで考
えた末、そのなくなったストーリーにも作者
の狙いがあるとか、実は意味があるとか
考えながら読んだんだろうな!

もう一度言わせてもらいます。
真面目かっ!?

そして素敵か!?

俺:「それ、3巻だよ」

直己:「えーっ!? マジっすかー!?
おかしいと思ったんだよなー」

なんだか罪悪感に包まれた僕でした。

直己さん、いつまでもそんな愛すべき
真面目キャラでお願い致します。

今度2巻貸すね。

EXILEメンバーには**泥棒**が**2名**います。

まず、**会話泥棒**……ネスミス。

すごいんです。
例えば、僕が他のメンバーと話しているとします。

僕:「あそこの焼肉屋って美味いんですかねー? TETSUYAさん?」

TETSUYA:「あぁ、あそこはね……」

そこですかさずネスミス**!!**
「あそこ美味いよ!!! あそこはね処女牛を使ってて……あーでもない、こーでもない……」

…
…
お店の人?(笑)

ってか早っ! 入ってくるスピード早っ!
はるか**後方**から**追い込む**サラブレッドの**末脚**かっ!?

しかもヴォーカルだからまた声が通るのなんの。

他にも、

僕:「あの鉄釜の炊飯器ってめっちゃ良さそうですねー。TETSUYAさん?」

TETSUYA:「あぁ、あれは俺も使ってるけど……」

どこからともなく、
あのサラブレッドの蹄の音が。

パカラッ パカラッ **パカラッ**

最後尾からネスミス。

「あ・れ・は・いいよ!! 米が釜の中で踊るしくみになっていて、次の日でも全然硬くならないし……、ペラペラペラペラ」

…
…
開発者?(笑)

なに、その**"俺の"**感。

一気に会話をかっさらっていきます。
あれ? この会話始めたの、俺じゃなかった? なんて思う暇もなく一気に**会話**の**中心**へ。

上からマリコならぬ、
後ろからネスミスです。

特に家電、アニメ、これから売れてきそうなアイドル、女優にはとんでもない**熱量**で向かってきます。

見ためとのギャップ!!

逆に、**熱量を抑えて**くるパターンもあります。

僕:「いや、あの女優の子、これからどんどんきそうですねー。TETSUYAさん?」
TETSUYA:「確かに、まだそんな有名

じゃないけど……」

そこでネスミス。
読んでいた雑誌を膝に置き、遠い目で、

「あー、○○ちゃんねー」

お前のものかーい‼
なに⁉　その俺は前々から目をつけてたけどやっと気付きました？　いや、むしろ遅くないですか的ニュアンス！

なんか劣等感を感じるわ！

以上、ヴォーカル兼パフォーマー兼会話泥棒ネスミスの話でした。

でも本当にいろいろ知ってるので、最近わからない事はねっさんに聞くのがみんなの中で当たり前になってます（笑）。

続きまして。

サビ泥棒……ショウキチ。

ショウキチはいつでも何処でも本当に歌ってます。

しかも、かなり本気で。

ただ、人の鼻歌を取るのはやめてくれ！

しかもサビから！

こちらサビを歌いたいがためにA、Bメロを歌ってきてるし！　鼻歌交じりで気持ちよくなってきて、"さあ今からサビ"ってときに、横からショウキチが割り込む。

サビを気持ちよさそうに歌い

始める！

なに⁉　この最後に食べようと思って残しておいたのに寸前で持っていかれた感‼　大事に大事に育ててきたトマトの苗にやっと実がなって、収穫前に食べられちゃった感。

後ろからネスミスならぬ、

横からショウキチです。

しかもうまいし。
お膳立てさせられた気分だわ！
俺はオープニングアクトかっ⁉

しかもメロからサビの間にちょっと"タメ"がある曲ってあるじゃないですか⁉

EXILEで言う、『Ti Amo』とか。

鼻歌だから当然オケはないので、自分のなかでオケを流してためている。

その間を無視して入ってきたりする！

ああっ！　そこ、せっかくためていたのに！
俺のタイミング！

俺のタメ！ 返してくれっ！

金返せならぬ、サビ返せですよ。

以上、ヴォーカル兼パフォーマー兼サビ泥棒のショウキチの話でした。

これからも自分がサビを奪っていることにも気づかないような、そんなショウキチでいて下さい。

VOL.03
両親について

母がいます。

若い頃、アメリカに2年間住んでいた事もあり、英語がペラペラでかなり

アメリカナイズド
されています。

ちょっと驚いたり、物を落としてしまったりした拍子に

「Oops!」と言います。

未だにプラネタリウムの事を、プラネトリウムと呼ぶ、カタカナ苦手な英語の先生です。
先日はマカロンの事をマロン。
あげくには、回鍋肉（ホイコーロー）の事をカイカイローと言っていました。

いよいよ漢字まで来たか!

回をカイと読むのはまだわかる!
鍋は百歩譲ろうがカイとは読みません!!

いつも明るくチャーミングな、素敵な母親です。

自宅で英語塾を開いている彼女は一年に一回、塾のハロウィンパーティーで**魔女**になります。
まだ今みたいにハロウィンで仮装するのは少人数だった昔、ドン・キホーテなどで簡単に魔女の衣装は手に入らないの

で、わざわざアメリカから買ってきた**本格的な魔女衣装**を毎年着ていました。

毎年ハロウィンは英語塾の生徒も仮装して、僕の家で**魔女主催**のホームパーティー。小学生だった僕も、いろいろ仮装して子どもの頃のいい思い出として胸に刻まれています。

僕が中学生になって1回目のハロウィンを迎えた夜。恥ずかしいのでもうパーティーには参加せずに、家で友達と遊ぶ事にしました。

母は魔女に。
僕は部屋に。
友達は家に。

ピンポーン。

嫌な予感。
遠くで、

母:「ハッピーハロウィーーン!!」

ガチャ!

「あっ! 岡田君ね! ごめん、ごめん!!」

母は塾の生徒がパーティーに来たと勘違いしたみたいです。

岡田君も僕の家に遊びに来たら、突然魔女が出てきたので、さぞかしびっくりした事でしょう。

ハロウィンパーティーが終わるとバカでかいカボチャに顔が書いてある、まるでカ

ボチャお化けみたいなものを庭で叩き割るのが僕の役目でした。

魔女に命ぜられ、庭でカボチャのお化けを叩き割る。

なんだか字面が怖いわっ!

いつまでも明るくチャーミングでファンキーな母親でいて下さいね!

そして父親。

とにかく超がつくほどのミーハーなお父さんです。

オリジナルメンバーのお父様で有名な方と言えば、ご存知ÜSAさんのお父様のウサパパ!

もしかしたら……、いや、かなりの確率で**その立ち位置を狙っています**（笑）。
親子そろって兄貴越えキャラか!?

やめてくれ! 手の届かないどこかが無性にかゆいわ!

いつしかライヴを観にきたとき、楽屋に差し入れをくれました。そこまではいい!! ありがたい。

ただ紙袋の外に、

皆さんお身体に気を付けて頑張って下さい!

NAOTOパパより

ってコラッ!!
定着させようとすなっ!

しかもゴロ悪いし!

皆さんの目に触れる前に速攻でしまわせてもらったわ!

しかも何故かオリジナルメンバーの方々を呼ぶときは**さん付け**、新メンバーを呼ぶときは**呼び捨て。**

どの立ち位置!?
その間にでもいるつもりですかっ!?

とにかくユーモアに溢れ、
超がつく程のミーハー親父。

たぶん、こうして月刊で書かれている事をめっちゃ喜んでます。今頃自分の知り合いに**一斉メールで、是非今回の月刊を見て下さい、NAOTOが私の事を書いています**的なメールを送っているに違いない。

そしてそろそろ僕に連絡が来る頃だろう。

ドヤ感満載で。

だから**親子**そろってドヤキャラかっつって!?

そんな両親の健康を心から願う今日この頃です。

VOL.04 マンガが大好きです

マンガが大好きです。

いつなんどきも、マンガを読むタイミングを狙っています。

マンガを読んでいる時間が僕にとって**至福の時**といっても過言ではありません。

一番好きなシチュエーションは新品のマンガを買って帰り、まず飯や風呂、やるべき事を全て済ませてあとは寝るだけの状況をつくり新品のマンガの**ビニールをはがすこの瞬間!**

マンガに向かい合う時は**キレイな体キレイな心で。**

これが僕のマンガに対する誠意です。

子どもの頃から兄達の影響で読み始めていますが、大人になった今でも子どものようにワクワクしながら読んでいます。

多分人一倍マンガの世界に入り込むせいか、マンガを読んでいる時は**著しく人の話を聞かなくなる**習性があるようです。

絵も上手くてストーリーも自分で考え、そしてコマ割りまで自分で考えてしまう。

つまり脚本、監督、カメラマンみたいな事を一人でしているわけじゃないですか?

まさに「**日本が世界に誇るべき文化、芸術作品**」だと胸を張って言いたい! マンガ家の方々に「**先生**」をつけずにはいられません。

「あんた! そんなマンガばっかり読んでるんじゃありません!」という全国の親御様方、

この「マンガ」というフレーズを試しに「**日本が世界に誇るべき文化、芸術作品**」に置き換えてみて下さい。

「あんた! そんな日本が世界に誇るべき文化、芸術作品ばっかり読んでるんじゃありません!」

すると息子はこう言うでしょう。

「母さん! それのどこがいけないんですか?」

すると母。

「あら? あたしったら?
それもそうね。勉強熱心でよろしいこと。
おティーでもいれてくるわ」

これが**日本の正しい情景**です。

さてマンガには沢山名言が隠れています。

今日はそんな中でも最近の僕のお気に入りを紹介したいと思います。

まず一発目は僕の愛してやまないマンガであり、その劇中に出てくる名言は数しれず。

『ジョジョの奇妙な冒険』
ジョジョから取り上げたいのは山々ですがもう名言集も出版されているほどなので、今回はそのジョジョを描かれている荒木飛呂彦先生による短編集『死刑執行中脱獄進行中』の短編『岸辺露伴は動かない』より紹介させて頂きます。

生死をかけたギャンブルの最中、あまりに言い訳や要求の多い主人公に対して相手が言ったセリフ。

「その次は何を要求するつもりだ？ 風が吹くから家の中にしてくれとか汗が目に入るから汗のかかない冬にしてくれとでも言うつもりか？ 時は今ッ！ 場所はここだッ！ 何が起ころうがそれは

運命の一部だッ!」

時は今。場所はここ。
この差し迫った感伝わりますかね？

僕も自分に負けてしまいそうな時、甘えてしまいそうな時よく自分に言い聞かせたりします。

もちろん人生において夢を追いかけたり、大きなチャンス、ピンチに直面した時にも当てはめられると思います！

やらない理由は自分の周りにいつでも沢山転がっています。適当に見繕って自分自身を納得させる事もできるかもしれない。

そしていつか本当にやるのかもしれない。

タイミングが大事とは言うけれど、毎日ずっと全力で「**行動**」していればいつかそのいいタイミングにハマるんじゃないでしょうか？

その**時**勝負するのではなく、いつか来るチャンスのため準備する。

準備を始めたその瞬間から勝負は始まっているんではないでしょうか？

VOL.04
マンガが
大好きです

「最近自己啓発本にハマってるんだよねー」と言ってる、

そこのあなた!!

まずジョジョを読んだらどうですか!?（笑）

さて似た感じでもう一つ。

マンガ『トリコ』より

「思い立ったが吉日
その日以降は
すべて凶日」

思い立ったが吉日というのは普通にありますよね?

ただその日以降はすべて凶日という言葉がつくだけで並々ならぬ覚悟を感じませんか?

明日からでもいいかもしれないなんてぬるい考えは全て排除し、その日に行動してやるという強い想いとその日以降はすべて凶日という事であえて自分を追い込んでいるストイックさに感動しました。

自分自身を追い込む事
でやらざるを得ない状況
をつくる。

すごくよくわかります。

自分自身との闘いって大なり小なり日々溢れてますよね。

すべき事はわかっていてもその一歩を踏み出す勇気、やる気がなかったり。

すべき事がわからずただただ悩んでしまったり。

自分も高校を卒業しダンスでやっていくと心に決めたはいいけど、先の見えない不安感や今している事が正しいのかという気持ちと毎日闘ってました。それでもバイトとダンスに明け暮れる日々、毎日のバイトとダンスのサイクルに疲れてどんなに好きなダンスでも踊りたくないと思ってしまうことも。

心と体って本当に繋がっていて、**心が体を支配する**事って生きてると沢山あると思うんです。
もちろん逆もありますが……

例えばどんなに好きで楽しいと思っているダンスもめちゃくちゃ体が疲れていれば心が体に支配され楽しむのを忘れ、ダンスをしたい気持ちがなくなってしまったり、逆のパターンでダンスがまだ未熟でも気持ちがノッてしまえば体が心に支配され実力以上の何かが出てしまう事もあります。

そんなのも関係なく好きな事だけやって、
24時間365日それをやっても苦ではなく
それでいて結果が出る人、それを僕の
中では天才と分類する事にしています。

天才と片付けなきゃやってらんねー
よって感じです。

もちろん僕は天才なんかではないので
相変わらず日々自分と格闘してます。

そんな想いで締め切り間近、
この原稿を必死こいて書いている僕で
した。

時は今ッ! 場所はここだッ! ですよね?

VOL.05
勝利の方程式

こんにちは!

先日、自分の写真を撮って世界のセレブや著名人、歴史上の偉人と照らし合わせ似ているかを教えてくれるアプリで、見事マザー・テレサと95%のシンクロ率を叩きだしたNAOTOです。

さて、今月も前回に引き続きマンガに隠された名言から沢山の事を学んでいきたいと思います。

皆様心の準備はよろしいですか?
今日は長いですよ?

マンガ『賭博黙示録カイジ』より

「**疑い続けること……不安であり続けることがギャンブルで生き残るために最も必要な心構えなのに素人ほどそれをすぐ捨てる。言い換えれば……すぐ……腹を括る……!**（中略）

耐えられないのだ、勝つか負けるかわからないという不安・葛藤そんな時間が長く続くことに耐えられない。そんな状態よりいっそ……ハッキリさせた方がいいと考える、仮に負けが確定することになろうとも」

長っ!! すみません! あまりにもいいセリフ過ぎてカットできませんでした。むしろもっと付け加えたかったくらい。

この言葉、ギャンブルだけでなく**人生にも置き換えられる**と思うんです。
ある夢や目標に向かって努力する時、人はどうしたらそこに到達できるか、達成できるかを考えます。

もちろんすぐに結果が出ることなんてないと思うんです。そうなるとなかなか前に進めない自分に不安や葛藤を覚える。

そんなとき、何かに頼りたくなる。

夢や目標を達成できる方程式や必勝法などを探してしまう。

そしてそれらしい正解を見つけてそれに依存してしまうことも……

僕、小学生の頃野球のリトルリーグに入ってたんです。小学4年生のとき、初めて市の大会の決勝戦に進出することに……

決勝戦の前日、今まで、努力なんてものとは縁のなかった自分は**400回の素振り**をしました。

その結果……
3打席3安打4打点の奇跡的活躍!!

そのとき、子どもながらに思ってしまったんです。

神は見ている! と。

そして運よく次の地区大会でも決勝戦に出場が決定し、完全に前回の経験

で味をしめた**少年片岡直人**はまたしても前日**400回**の**素振り**を……

その結果……

3打席ノーヒット2三振

そのとき、子どもながらに思いました。

人生はそんなに甘くないと。

なんなら前日の素振りでマメがむけて**バット**すら**振**れねーっつーの!

監督やチームメイトの、**期待**から**失望**に変わった**視線**で手だけじゃなく**胸**もいてーっつーの!

もちろんいろんな方法を試し、探し努力する事、いろいろな物からヒントを得ようとする努力は欠かせないものだと思います。

ただ、自分の中で正解を決めてしまうのは危険な事ではないでしょうか?

正解は達成する前にわかるものではなく**達成し続けるなか**でうっすらとわかる程度なのかもしれません。もっと言えば**探し続ける事が正解**なのかも。

僕も昔ダンスのインストラクター等やらせて頂いたりしていましたが、

「ダンスってどうやったらうまくなれますか?」
という質問をよく受けました。

そんな魔法のような方程式があるなら俺もあやかりてー

わっ!!

気持ちはわかるけど毎日手応えのない練習を積み重ね悩み、葛藤し、諦めないでいる。
そしたらいつの間にか!? みたいな感じでしょーが!?

たとえていうなら……

いつも不良グループに絡まれているいじめられっ子がある日、何かの拍子で爆発し番長に襲いかかり……がむしゃらに、もうどにでもなれと殴り続ける。

「うわわわーー!!!」

とにかくがむしゃらに殴り続ける。

いじめられっ子の友達が、

「おいっ!」と、声をかける。

気づかないいじめられっ子。

「おいっ!!!」と、もう一度。

はっ! と我に返るいじめられっ子。

「もう倒れてるよ」

視線を落とすと足下には倒れた番長。

不良グループの2番手くらいのやつが、

「お、俺は本当はお前のこといじめるの嫌だったんだ。な!? だから仲良くしようぜ!」

こんながむしゃらに生きてみたいものですねー。

なんつって。

VOL.06
KING OF MEN

世間的に見たEXILEのイメージってどういうものでしょうか?

男、スーツ、黒い、**体育会系**……

いろいろとあると思います。今日はそんな男らしいEXILEの中でもいちばん**男**らしい方の話をしたいと思います。

その名も**啓司**さん。

そりゃあもう**男**です。
男の中の男。

男のエスプレッソ的な。

いや、もはや男を通り越してオラオラです。

たぶん、『ONE PIECE』で言ったらオラオラの実食べてます。

あれは二代目 J Soul Brothers時代のリハーサルの時でした。
ライヴのダンスコーナーの振り付け中、みんなでアクロバットな事をしようという話になりました。

2人が支える役でその2人の肩を借りつつ、バク宙をするという……

タイミングも難しいし、何より3人の息を合わせるのが必要な合体技。

そこで誰がバク宙する? という事に……

支える2人は体の大きい直己とケンチさんがやる事に。

自分とTETSUYAさんは軽いのもあってその前後に飛んだり跳ねたり。

そんな自然の流れでバク宙の役割が**啓司**さんに……

あれ? 待てよ。啓司さんバク宙とかする人だったっけ?
そもそも、二代目メンバーでバク宙が唯一できるのはケンチさんくらいじゃないか!

これはいくら何でも無理だろう。

そんな空気が流れたにもかかわらず、啓司さんは全く動じる様子もなく、

啓司さん:「やってみよっか!」

一同:「え!?」

大丈夫なのか? 一歩間違えればケガもあり得る……

ただ、啓司さんはやる**気満々**だ。

とりあえず、一回試すことに。

この瞬間、誰もが最初はゆっくり確認したり、補助のタイミングをはかったりする試しだと思っていた。
しかしそこはKING OF MEN。
略して、KOMの啓司さん。

ぐるん!!

なんと一発目でやってのけたのだ。

しかもめっちゃキレイに成功しているじゃないですか!!

補助の直己とケンチさんはあまりのびっくりさに補助も追いつかなかった。

つまり、ほとんど**自分**でバク宙したのだ。

ってか、人生初のバク宙ってこんなにもサラッといっていいの!?(笑)

自分だったら何回も確認して、**石橋叩きすぎて壊れるんじゃないか!?** って程ビビるのに。

もちろんKOMの辞書に"ビビる"なんて**言葉**はない。

石橋なんて渡ってから安全だと知るもんだ!

息を合わせる?

いや、そんな事は重要ではない!

アクロバットとは思い切りだ!

己との戦いだ!

僕には啓司さんの背中がそう語っているように見えました。

たぶん、オラオラの**実**だけでなく、イケイケの**実**も食べてますね。

これは**HIRO**さんから聞いた話なんですが、啓司さんの誕生日に、HIROさんがご飯に誘うため**何食べたい?何か好きな食べ物ある?** と、聞いたところさすが啓司さん……

啓司さん:「フルーツです!」

HIROさんが**戸惑**った事は言うまでもない。

のちにHIROさんはこう語っていました。

HIROさん:
「**どこに連れてけばいいの!?千疋屋!?**」

男らしいが好きな食べ物はフルーツ!そのギャップについて!

VOL.06 KING OF MEN

昔二代目時代に、アトランタにみんなでレコーディングのために行った事があります。1週間くらいだったと思うんですが、まずその旅行に、目の悪い人にとっては生命線でもあるコンタクトレンズ**忘れる**という**男気**。

僕はもちろん小心者なので1週間分どころか予備まで持ってきてました。

僕:「啓司さん、自分一応予備ありますけど……でも視力も全然違うし、目の形もそれぞれあるから無理……」って、もういれてらっしゃるーー!

啓司さん:
「あ、**全然**いけるわ。ありがとう」

いやいや、**平気**なハズは!
(笑)

なんなら、僕の目の形、1000人に1人くらいの特殊な形でほぼ**別注的な**やつですよ!

絶対目の中おかしいことになってるって!

オラオラです。

でもまだ終わりません。レコーディングも終わり、日本で3ヵ月くらいたったある日、目を真っ赤にした啓司さん。

僕:「ど、どうしたんすか!?」

啓司さん:「いや、ちょっとコンタクトが……。ほら前にNAOTOに貰ったやつ」

啓司さん、それ**2WEEK**っす。
(2週間で替えなきゃいけない使い捨てレンズ)

2WEEKにどんだけ無理させるんすかっ!?

レンズのポテンシャルをとっくに超えてますよ!

ってか、度も違うサイズも違うレンズを**3ヵ月もつけ続けられるその気合い!! 男**です。

やっぱり、
男は物を大切にですよね?

ただ目もお大事に。

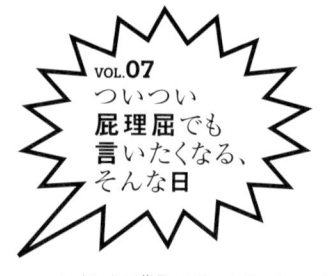

VOL.07

ついつい 屁理屈でも 言いたくなる、 そんな日

いよいよ三代目 J Soul Brothersにとって初のツアーが始まるその前日。8月31日。

最初の地、福岡に向かうため飛行機に乗りました。

ちなみに、その**前日の8月30日**は**自分の29歳の誕生日**。

いよいよ二十代ラストという感極まる想いと三十代への根拠のない焦り、それと読みのがした「ジャンプ」をマネージャーさんに借りてまで読む自分に、"**大人にならなきゃ**"と言い聞かせたりと、様々な想いを胸に福岡へ向かう、そんな飛行機の中。

席に着いて僕は**持っていた荷物**を足元に、隣の席は直己。

直己は**持っていた弁当の紙袋**を足元に。すると、しばらくしてCAの方が自分達の元にやってきてこうおっしゃいました。

「**お客様、足元のお荷物を上の荷物置きに入れて頂いてもよろしいですか?**」

なるほど、なるほど、そりゃあそうですよね。

離陸の時、僕のこのリュックサックが何か

の拍子で宙に浮き、人様にご迷惑をおかけするような事があっては断じてなりませんもの。

そう思いつつ従おうと思ったその時、**隣の直己**が、

「この紙袋も上げた方がいいですか?」

CAの方に質問しました。すると、

「**お弁当**ですもんね!? それは結構ですよ。離陸の際は、**お膝**の上で**抱**えて下さいませ」

待て 待て 待てぇ〜。

何で俺のリュックちゃんはダメ、で**直己の弁当の紙袋**はいいわけー?

NAOTO全然わかんなーい。

だって、大きさとかほとんど変わんないっすよ!

その線引きは一体どこの誰が決めとるんですか?

それともマニュアルで、

リュック✕ 弁当○

みたいなのがあるんすか!?

じゃあ何かい?

僕のこのリュックの中身が、握り飯でパンパンだったらいいんかい?

想像してみて下さい。

仮に、仮にですよ。

僕のかわいいかわいい、中には特に硬いものも入っていない軽ーいリュックちゃんが宙を舞ってる姿。
一方、直己の3歳児位あんじゃねー? ってほどのでかい弁当の紙袋が宙に舞う姿。

しかも中身はきっと飛び出して、野菜、鶏のササミ、魚の西京焼き、米、ましてやサラダのドレッシングまで……

飛行機の中がロッテリアのふるふるポテトの紙袋の中みたいになっちまうじゃねーか。

乗客の皆様に適度な塩味がついちまったらどーすんだ?

もはや圧倒的にそっちのほうが地獄だろうがーーーー!

そんなにダメですか!?
僕のリュックサックゥゥゥゥッ!!!

って0.5秒位の間、心の中ではその矛盾を感じつつもバッグを上の荷物置きに。

いかん、いかん。

大人になろうと決めた矢先じゃないか?

世の中正しい事だけではないだろう?

とにかく落ち着いて、さっき売店で買ってきたエッグ&ツナサンドイッチをあけて食べようと、サンドイッチを口元まで運んだその瞬間。

何この違和感。

何だ、このサンドイッチの手応えのなさは?
さっきまで売っていた、あのサンドイッチの表から見た具が溢れんばかりで、もうこのパンこの量の具を手に負えてない感からは想像もつかないほどの薄さ!!

表の顔と裏の顔の差!

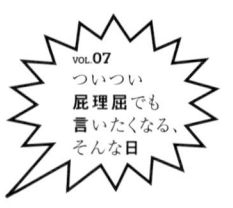

VOL. 07
ついつい
屁理屈でも
言いたくなる、
そんな**日**

若くして成功を収めた実業家女社長か!?（勝手な偏見です）

具が多く入ってるように見せるのはいいけど、食べづらいじゃないか!?

てか、この予定調和をいつまで続けるつもりなんですか？

だってもはや誰もが売っているサンドイッチとはそういうものだとわかっている。
そして売っているほうだって、もう僕達がそれに気付いている事に気付いているはず。

ならこの騙し合いいる？

もう無理に自分を大きく見せる事……やめませんか？（笑）

具の量は変えなくていいから均一な厚さにしましょうよ!

エッグが表の方に集中し過ぎて、せっかくのエッグ＆ツナサンドが全く混ざり合ってないっすもん。

と、思いながらも**完食**。

そしてかなりの**満足**。

大人への道のりは遠い。

VOL.08
宙を舞う ブリーフ

皆さんこんにちは!

今月は前々回でも触れた、**男らしいと大好評の啓司**さん、そして加えてケンチさんについて語りたいと思います!

啓司さんとケンチさんを語るうえで、僕がどうしても忘れられないシーンを今日は皆様にもお伝えしたいと思います。

ところで皆さん、このマークをご存じですか?

「※」

これ自体には特に何も意味はなく、俗に"こめじるし"などと呼ばれるものです。

でもたまに歌詞カードでサビの前についていて、それ以降のサビはこの※マークで省略されることがあります。

今日は少し趣向を凝らして、この※マークを使っていきたいと思います。
今号のサビは……

※いや、でもそれたかがブリーフだし

です。

なので皆さん、文中に※マークが出てき

たら、**上記の言葉をしっかり心で唱えてください。**

あれは3年前くらいに行われた、劇団EXILE JUNCTION#1『ナイトバレット-Night Ballet-』の大阪公演での出来事でした……

劇団EXILEをご覧になった事がある方は知っているかもしれませんが、劇団EXILEには"アバター"というキャラがいます!

LDH所属の役者、平沼紀久(通称ノリ)さんが映画『アバター』のキャラをパロって、青い全身タイツに身を包み、舞台の本番中なんの前ぶれもなく、いきなりステージに走り込んできて、狙ったメンバーの恥ずかしい暴露話をするというのが"アバター"の役割でした。
アバターが出てきたときは、まるで時が止まったかのように出演者は動かず、ただただ暴露話に耳を傾けるしかない。

それが、アバターのルールでした。

その日も公演が後半に差し掛かり、ケンチさんが熱演する舞台の上に突然青いタイツのアバターが登場。

ケンチ(以下ケ):「お、お前何しに来たんだよ!?」

アバター(以下ア):「今日もお前の恥ず

かしい暴露話をしてやるぜ」

焦るケンチさん。
(ちなみにこのアバターは日替わりで、いろんなルートからメンバーの恥ずかしい話を集めてきます)

ケ:「今日は何を言う気だ!?」

ア:「お前……二代目 J Soul時代、アトランタにみんなで行ったときに、**空港でスペイン人だと思われ、日本人だと信じてもらえず入国に手間取った**らしい」

ケ:「うわーなぜそれを!?」

普段ならここで終わるはず!

だが、ケンチさんには、あらかじめ用意した秘策が……

その名も、**アバター返し!**

ケ:「いつも暴露ばかりしやがって!! 今日はお前の過去の恥ずかしい話も暴露してやる!」

そう……。ケンチさんをはじめ、メンバー**全員アバターにやられっぱなしも耐えられない!!** という事で、ノリさんの暴露話を用意していました。

ケ:「お前昔、クラブで踊っていた事があ

るらしいな?」

ノリさんの**顔色が変わる。**

ケ:「何でもそのときのユニット名が**JSBらしいなー!」**

明らかに効いている!

舞台の袖で観ていた啓司さんと自分もイケイケと煽る!

ケ:「しかもJSBはJ Soul Brothersの略じゃなくて、ジャパンセクシーボーイズの略らしいなー!」

ア:「な、なぜそれを……」

ケンチさん、あとは**とどめを!**

ケ:「しかもそのグループ、ふざけた事にショウタイムでは必ずブリーフ一丁でランニングマンをしていたらしいじゃねーか! 伝統あるJSBをなめやがって! 今日はひさびさにそれをやってもらおうじゃねーか! この歳になってこんな大勢の前で、ブリーフ一丁で踊るのはさぞかし恥ずかしいだろうよ!」

会場も袖にいる自分たちも大盛り上がりだ。

さぁ、あとは**ケンチさんがポケットからブリーフを出す**だけです!!

VOL.08
宙を舞う
ブリーフ

カモンブリーフ!

ん?

あれ?

まるで時が止まったかのように動かない。

ケンチさん?

完全に戸惑っているケンチさん。

気持ち、いつもより彫りも深くなっている。

間違いない。
ブリーフを楽屋に忘れている。
このネタで、
いちばん大事なあのブリーフを!!

(※いや、でもそれたかがブリーフだし)

そのとき自分の横にいた啓司さんがボソッと、

「ケンチ、ブリーフ忘れたんじゃね?」

とても**深刻な顔**をしている。

※

その瞬間、**走り出す啓司**さん。

咄嗟について行く自分。

楽屋に走り込み、鏡の前にポツンと置かれたブリーフを、まるでそれが**主人公の絶体絶命のピンチを救**う、さもものすごい**物**かのように鷲掴み、舞台袖に戻る。

※

そして、まるでジャムおじさんがアンパンマンに**新しい顔を投**げるように、クリリンがピンチの**悟空**に仙豆を投げるかのように、イチローがバックホームにレーザービームばりの**返球**を投げるかのように、そのブリーフを**舞台袖**からケンチさんめがけて**投げる啓司**さん!

オラッ!!!

※

確かにあのとき、少なくとも僕の目には、そのブリーフがスローモーションで、まるで**映画のクライマックスシーン**のように**舞う**のが見えた。

※

ケンチさん! まるで**天から救い**

の**糸**が**垂**れてきたかのように そ
れを掴み、ノリさんに向けて堂々と、

これでも食らえ!

※

VOL.09
言葉に
ならねえよ

"言葉にならねえよ"

って、実際言葉にする機会……なかなかありませんよね?

ドラマとかマンガなどには出てくる事はあっても、実際は一生に一度使うか使わないか……

僕も言った事はないんですが、そんな気持ちになった事はあります。

あれは子どものころのクリスマス。

確か僕が小学3年生くらいのときでした。

僕の実家のクリスマスはちょっと**ロマンチック**でした。

毎年12月の頭になると、親と一緒にモミの木を畑まで取りに行き、それを家に飾ります。

家の近くの畑の一角を借りて、モミの木を植えさせてもらっていたんです。
そして毎年クリスマスの時期に引っこ抜きに行く。

生の木なのでそれなりの臭いを発しますが、やっぱり作り物とはひと味違います。

そのツリーに家族で装飾し、完成。

そしてここからがロマンチック!

ツリーを飾ってからクリスマス当日の25日までの間に、そのクリスマスツリーの下に少しずつプレゼントが増えていくんです。

もちろん子どもが寝ている間に両親が置いているんですが、子ども心では朝起きたらプレゼントがまたひとつ、またひとつと増えていくので、クリスマスが近づくにつれ毎朝起きるのが楽しみになっていく!

大きい物から小さい物まで、とにかくなんでもプレゼントにする。

それこそ歯ブラシやスリッパなどの生活用品まで。兄弟3人なので25日にはかなりの量になっています。

それを25日にみんなで開ける。

それまでは兄弟で一緒に、

また増えた!

この大きさだとあれかな?
この固さはこれかな?

と話しながらわくわくする。

めっちゃよくないですか!?

めっちゃロマンチックじゃないですか?

ねぇ、TETSUYAさん!?(笑)

当時僕は、『少年アシベ』に出てくるゴマちゃんというアザラシが大好きで、いつも家でゴマちゃんの

キュ〜〜

という鳴き声を真似たりしてました。

ゴマちゃんブームは留まるところを知らず、ゴマちゃん人形なるものが発売され大ヒットしていました。

モミの木の臭さもピークに達し、プレゼントも順調に増えてきたクリスマス直前……

うちの次男が毎度の事ですが、親に反抗してツリーのあるリビングでケンカをおっぱじめました。

母:「あんたいつまでもゲームしてんじゃないわよ!」

次男:「うるせー! ババァ!」

母:「なんて口をきくの!?」

〝あーあ、また始まった……〟と、隣の部屋から見ている小学3年生の僕。

ケンカはもつれにもつれ、母親が切り札を。

母:「そんな悪い子にはクリスマスプレゼントなんてあげないからね!」

〝あれ! サンタさんが持ってきていたんじゃないの!?〟と悟った、小学3年生の僕。

いとも簡単にその〝てい〟を崩した母。

「こんなクリスマスプレゼントなんていらねーよ!」と、ツリーの下のプレゼントを思い切り叩く次男。

バンッ!

キュ〜〜

包装紙の下から鳴き声……

言葉にならねぇよ。

VOL.10
悪戯……

"悪い戯れ"と書いて、悪戯。

果たしてこの世に何万の悪戯が存在するのだろうか?

しかし、悪いと書かれているものの、悪戯のそのすべてを"悪"と決めつけるのはいかがなものか。

辞書によると、"度を超えた悪戯を悪ふざけという"と書いてある。

なるほど、なるほど。

わざわざ、悪ふざけという言葉が用意されているところを見ると、悪戯は字面ほど悪くはなさそうだ。

しかし、その"度"の線引きは、いったい何処の誰が決めているんすかぁ〜。どっからが悪戯で、どっからが悪ふざけなんですかぁ〜。と小学生ばりの質問をぶつけたくもなるが、

そんな事を考える行為自体、無駄無駄無駄無駄ぁ〜なのである!

『ゆく年くる年』を録画して後日観るくらい無駄なのである!

今回はそんな"悪戯"について書かせて頂こうと思う。
そう。その御方の行われる悪戯の数々は愛にあふれ、そして時にチャーミング。

悪戯はその人の人間性を反映しているといっても過言ではない。

このコーナー始まって以来、まだ開けてはいないパンドラの箱、つまりEXILEオリジナルメンバーについて今回は書かせて頂こう。

拝啓

MATSU様

いつも大変お世話になっております。

そしていつも、愛にあふれた悪戯の数々をありがとうございます。

本日は、あなた様の悪戯の作品の数々を、ここに展示させていただきます事をお許し願います。

それでは皆様、MATSU様の"**悪戯アートギャラリー**"をゆっくりとご堪能下さい。

まずはこちら。

リハーサルが無事終了し、先に帰られたMATSUさん。
その少しあとに自分も帰ろうとして靴置き場を見るが、自分の靴がない。

あれ？
おかしいな？

ふと、隣にある自販機の上を見ると……

はい、出た!

王道の中の王道!

シンプルイズベスト!

悪戯界のクラシック!

『靴隠し』

やはり、長く愛され続けるだけあって、やられた側の適度な困り感、見つけるまでの時間の短さ、憎めない感、そしてやる側の手間のなさ。
まさに、**悪戯界のカルテット揃い踏みや〜**。

あれ？

仕事 思った以上に早く終わっちゃったー。

次の仕事までは時間あるしし、かと言ってカフェでお茶するほどの時間があるわけでもないしい。

そんなときにオススメしたい。

続いてこちら。

なるほど! さっきよりも省エネ!

場所を取らないし、何よりご自身の移動の必要がない!

座ったままで簡単にできる。
めんどくさがり屋の人には持ってこいの**時短悪戯**だ。

きっと、寸前まで悪戯するつもりはなかっ

たのだろう。たまたま、ご自分の靴を履かれたときに、横にあった。

なぜ登るかって? そこに山があるからだ。

的な。

そう。MATSUさんの悪戯はとにかく気まぐれだ。

"シェフの気まぐれサラダ"のように、シェフに毎日気まぐれでとんでもない物をサラダに入れられたらたまったもんじゃないが、MATSUさんの悪戯にはどこか一貫性があるといえよう。

それを決定づけるのがこちら。

靴への執着心!!

こんな形でBREATHEと初コラボを迎えることになるとは思いませんでした。

さて、次からは少し作品に遊びが出てきた。

こちら。

俺の帽子とバッグが、毎秒200振動する最新のマッサージ機にかけられていらっしゃるー!?

MATSUさんいわく、たくさん使っているみたいだから少し休ませてあげようかな、と。

優しっ!!

しかし、帽子の位置はまったく振動が届きそうにない。

どんどん行きましょう。
こちら。

アンバランスの中にこそアートは存在している!

とでも言いたいような作品。

まるでサグラダ・ファミリアやピサの斜塔を彷彿させるようなアート。

紙袋という不安定なものの上に、健気に存在するハットとサングラス。

ハットとサングラスが自身の存在を、魂を叫んでいるようにも見えます。

そして極めつけはこれ。

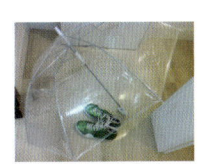

これは困ったなー。左右の靴がひもでしっかりと絡み合っているのである。

何より、手間と時間がかかっただろうなー（笑）。

これを、あの忙しいMATSUさんが黙々とやってくれたと思うと、感動せずにはいられない。

そして傘が意味する事とは……
もはや常人には理解できるはずもない。

きっと、この世の混沌とその狭間に生きる我々の葛藤と反骨精神を表しているに違いない。

うん。まぁ、きっとそんなところだろう。

MATSUさん、本当にお疲れさまです。

これからも私は、
あなた様の悪戯をお待ち申し上げております。

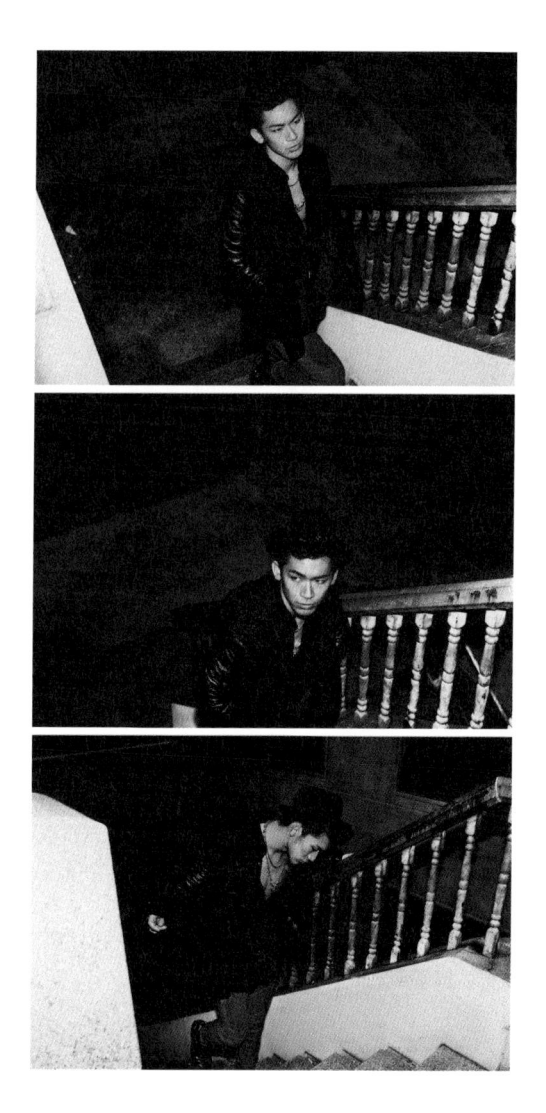

CHAPTER — THREE — EXILE MAGAZINE — FASHION SHOOTING PART.01

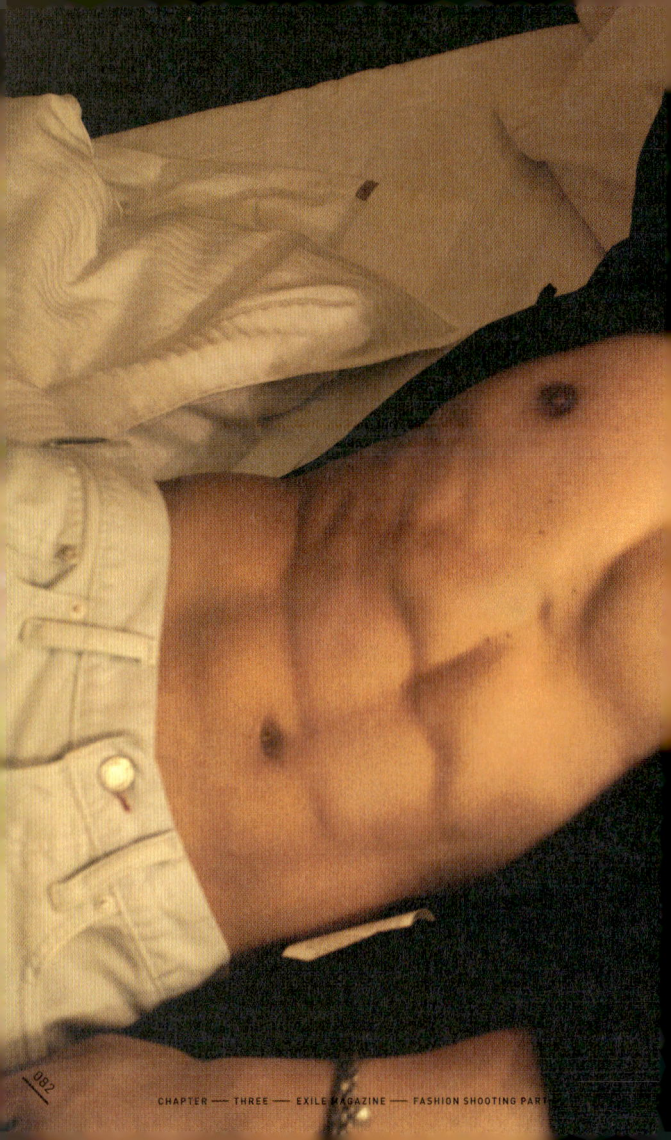

HOTEL NORMANDY

12年前、L.A.に訪れた際に宿泊していたホテルノルマンディー。
当時と比べると改装されていたが懐かしさに浸るNAOTO。

address_
605 S Normandie Ave,
Los Angeles, CA 90005

CHAPTER — FOUR

Back To The ROOTS

photography_Yuri Hasegawa styling_Lambda Takahashi(Shirayama Office)
hair_Go Utsugi make-up_MICHIKO FUNABIKI illustrator_sho miyata
coordinator_Kumiko Ashizawa

L.A.

HOLLYWOOD

Normandie
600 S
Av

MILLENNIUM DANCE COMPLEX

毎日通っていたミレニアムダンスコンプレックス。
スタジオに入ると自然と身体が動き出すNAOTO。

address_
5113 Lankershim Blvd, North Hollywood,
CA 91601

Debbie Reynolds
REHEARSAL STUDIO

こちらも通っていたデビーレイノルズ リハーサルスタジオ。
レトロな外観も変わることなく当時の記憶がよみがえる。

address_
6514 Lankershim Blvd,
North Hollywood, CA 91606

NAOTO

Back To The ROOTS EXTRA

Holiday in L. A.

photography _ Yoshihiro Makino(W)
styling _ Lambda Takahashi(Shirayama Office)
hair _ Go Utsugi(SIGNO)
make-up _ Michiko Funabiki
illustrator _ Sho Miyata
coordinator _ Megumi Yamano

VOL.11
ロッキンコーヒー
フィジカル先生

人は成長し、
移り変わっていくもの。

年老い、精神も外見も成熟していくものですよね? ただそれにはそれ相応の年月がかかるはず。
僕は未だかつてこんなにも短期間で移り変わっていった人を見た事がありません。

そう、まさに
I have never seen.

その名も
TETSUYAさん。

今や完全に朝の体操のお兄さんばりの爽やかさと清潔感を醸し出しているTETSUYAさんですが、出会った当時を考えると驚きです。

この2年でコーヒーにハマり、さらにはフィジカル面の知識をつけ、最近ではロックダンスにハマっています。

そう、だから
ロッキンコーヒーフィジカル先生。
出会った当時、きつめのツイストパーマでHIP HOP全開のガン黒で、ダンサーネーム〝バッタ〟だった人とはとても思えない!!

土にまみれるバッタどころか、
今や干したてのふかふか布団をバタバタしながら「ボールド!」って言ってしまいそうな爽やかさ。

いや、もしくは
熱々のコーンスープが入ったカップを両手持ちですすりながら「クノール!」って言ってしまいそうなくらいの優しさ
を醸し出しているじゃないですか!!

あの危険で尖った空気感を持ったバッタさんはどこに行ったんすか!?

この間なんて、先生はコーヒーを飲んでこんな事を言っていました。

「いやぁ、やっぱりグアテマラの豆は
アフターテイストがスウィートだよね」。

Pardon?

「後味が甘い」でよくないすか?

そのうち、
「泣きっ**面**に**bee**」とか言い始める
んじゃないんですか!?

さらには……
**「コーヒーは鼻腔にあて
る**んだよね!」

普通に**飲も**!(笑)

飲むたびに鼻からコーヒー出てきそうだ
わ!

最近は軽い気持ちで先生にコーヒーの
質問をしてしまうと、**1聞**いたつもり
が**10以上**になって返ってきて
しまうので、みんな**迂闊**に**質
問**できない空気感が流れています。

TETSUYAさんがどこに向かうのか。

そして次は何にハマるのか……

それは誰にもわかりません。

そう、まさに
Nobody knows.

VOL.12 目力JAPAN

さまざまなキャラが
存在しているEXILE。

その中でも、加入した当時からいっさい
ブレず、不動の地位を確立しているの
が、

そう……**目力**キャラこと

SHOKICHI。

いまだかつて"**目力が強い**"というだ
けで、こんなにもキャラ立ちした人がいる
だろうか?

僕は隣で、
「絶対沖縄生まれでしょー」と言われて
「いや、真逆の北海道なんです」と返す
やり取りを何度も見てきた。

今日はそのSHOKICHIの
目力伝説を話したい。

某ポスター撮りの日だった。
EXILEに加入したての新メンバーから
順番に撮影する事に。

カメラマンは、日本語のつたない外国人
カメラマン。
トップバッターだった僕は、気合いを入れ
てカメラの前に立った。

何枚か撮る、カメラマン。

するとカメラマンからカタコトの日本語で
こんな要望が……

カメラマン(以下カ):「シー……**目**ニ**チ
カ**ヲ」

僕:「?」

カ:「**目**ニ**チカラ**クダサイ」

なるほど。

目力を入れろということ
か。

必死で、グッとカメラを見る僕。

数枚撮るカメラマン。

するとまたカタコトの日本語で

カ:「アー、**目**ニ**チカラ**」
またか!?

皆さんご存じのとおり、正直そんなに**目**
力があるわけじゃない僕は、さらに力を
込め精いっぱいの目力で対応させて頂
いた。

自分の目力のなさにちょっと落ち込んだが、なんて事はない。そのあとのメンバーもことごとく、

ンー、目ニチカラ。
目ノチカラクダサイ。

と言われているじゃないか？

どんだけ目力欲しいんだよ！
と、心の中で突っ込み入れながらも、

結局ほとんどのメンバーがそう言われ、いよいよラストの
SHOKICHIの番が回ってきた。

目力欲しがりアメリカ代表カメラマンVS目力日本代表（目力JAPAN）

そのとき、カメラ前に向かうSHOKICHIが、僕にはまるで

日の丸を背負っているかのような日本最後の砦に
見えた。

アメリカ代表が、振りかぶってカメラを構える。

迎え撃つ、日本最後の砦。

ファインダーを覗き込み、シャッターを押さないでしばらく沈黙の睨み合いが……

一瞬のようで気が遠くなるほどの時間……

沈黙を破るように、アメリカ代表がさっきまでカタコトだったのが嘘かのような流暢な発音で一言、

「Relax!」。

圧勝（爆）。

いつかの連載で、自分が母親について書かせて頂いた事を、皆さまは覚えていらっしゃいますでしょうか??

英語の先生で、**毎年ハロウィンには魔女**になり、生徒を引き連れて近所の人にお菓子を調達しにいくという、なかなか**アメリカナイズド**されている**ファンキーでモンキーな人**なのだ。

昨年の三代目ツアーのときだった。

ちょうど、**武道館**での**公演**がハロウィンと重なり、客席にはちらほら仮装して来て下さっている方々が……

猫の耳をつけたり、尻尾をつけたり。

なんとも微笑ましくかわいらしい光景だった。

ただ、**待てよ。**

ひとりだけ**圧倒的な存在感**のお**方**がいるぞ。

客席のど真ん中、武道館を円としたらその中心に、あの**シャア**がいるではないか!

しかも、かわいさとか遊び心とかを全く排除した、

ストイックなまでのシャア。
三代目のライヴをコミケかなにかと勘違いされてるんじゃないかっていうくらいの、クオリティの高いシャア。

ど真ん中に赤いスーツで自信満々に立っている!

シャアにそんな見られたら緊張するわ（笑）!

ライヴ鑑賞というより監視している感!

でも、**待てよ?**

あの辺は関係者がいる席……

三代目の中にシャアの知り合いが!?

三代目にジオン軍なんていませんが?
そんな事より、早くMCでいじりたいっ。

いじり倒したいっ。

そして、MCの時間。

さぁ、いじるぞ!! と意気込んだそのとき……

ふと、シャアの横に視線をずらすと、なんとシャアの横には**自分の母**がいるじゃないか!?

まずい……
今シャアをいじってしまうと、母にもみんなの視線がいってしまう。そうなると、もし隣が母だとバレたら俺も恥ずかしいぞ。

やむなくシャアをいじる事を断念。

それにしても、なんて絵面だ!

シャアと自分の母が並んでいるなんて。

きっと、母はシャアの存在すら知らないし、さぞかし横の人の気合い満々のコスプレに苦笑いなんだろうな。かわいそうに……と思いつつも、ライヴは無事終了。シャアをいじれなかった不完全燃焼感はあったが、ライヴは大盛り上がりの大成功。

ライヴ終了後に、僕は母に面会しにいく事に……

係りの方に案内され、面会ルームに入った瞬間、**僕の目に信じられない光景が飛び込んできた。**

シャアと魔女が楽しくお話ししてるー!!

そして、よく見ると魔女はうちの母ーー!!

母:「あら、直人お疲れさま! ハッピーハロ

ウィン! あ、こちらお友達の○○さん!」
シャア:「どうもはじめまして! ○○です」

シャアは、うちの母の連れだったんかーい。

そして、さっき客席で見かけたときは普通の格好していた母が、なぜ魔女に?

理由は、会場ではさすがに恥ずかしかったから。

わざわざ息子に面会するために、魔女に着替えた母。

ファンキーか!?

それにしても魔女はわかるけど、**鼻眼鏡て(笑)。**

VOL.14
カッコ悪う〜

僕の通っていた高校には、高1の冬にラグビー大会（男子のみ）というものがあり、それはそれは男子にとってはモテるチャンス。

いわゆるモテチャンだった。

ここで活躍する事が、その後の高校ライフを左右する、優勝なんかしたら**賞状**だけではなく、あわよくば**彼女**までついてくるかもしれない……そんな大会。

おのずと男子の練習に対する熱意も、普段の体育では考えられないほどに……

我ら3組は、正直運動神経や体格も含めて決して有利とはいえないチーム。

中学の野球部で3年間鍛えた僕は、自然と**切り込み隊長**のような存在に。

背番号も、エースの証
"ナンバー8"をもらっていた。

とにかく、点は取れても守備が全然ダメ。

というわけで、チームのキャプテン的な金子君が守備チームの猛特訓をする事に……

そして数日後。

金子：「みんな守備の特訓をしたから、片岡が試してあげてくれない？」

僕：「いいよー」

金子：「どうやってやる？」

そう、僕はこのとき完全になめていた。

数の力を。

そして酔っていた。

自分に。

なんせナンバー8ですから。

僕：「んーー、何でもいいけどまとめてかかってくれば？」

こんなマンガみたいなセリフをほざいたのは、後にも先にもこのときだけだろう。

そして、1対10の攻防戦のスタート。

ボールを持った僕は10人に向かって突進。

1人目をかわし、2人目をかわし、3人、4人、5人……あれ？

完全に捕まった。

「こんなはずじゃ……」と強引に振り切ろうと半ばムキになっている僕の首に、何か岩みたいな腕が……

振り向くと、**根本君**。

いつもおとなしく、心優しい柔道部員の根本君(恐らく重量級)。振り向いた瞬間、僕は心の中でつぶやいた。

「根本君ってそんな顔するん……」

グゥイーン、ギュリ、ブチッ。

右足首靭帯断裂、剥離骨折。

モテチャン行きの急行列車は、僕の前をすんなり通り過ぎていった。

そして松葉杖で迎えた、3週間後の大会。

我ら3組は、奇跡の快進撃で決勝まで勝ち進んだ。

そのみんなのキラキラした姿を、松葉杖でコートの外から女子たちと見守る気持ちなんて、誰にもわかるまい。

決勝は、押しも押されもせぬ目の離せない展開。

ラスト10分。
一度のトライで逆転できるが、3組は負けていた。

そのとき、まさかの3組の日下部君が負傷。

ざわめく会場。

「1人いなくなったらどうするんだ」という空気に包まれていた。

そのとき、誰かがどこからともなくつぶやいた。

「片岡は?」

気づいたときには、会場にいる全員の視線が僕に集まっていた。

ガタンゴトン、ガタンゴトン。

あのモテチャン行きの急行列車が、各駅停車しか止まらないはずの片岡駅に止まった。

え?

いいの?

乗っていいの??

手術して2週間だけど、いいのー!?

気づいたときは、もう遅かった。

僕は着ていた上着と松葉杖を、隣にいる女子に、

僕:「あ、これ、**持っといて**」

と、**視線を合わさず渡し**、**背中**のナンバー8を、これ見よがしに**見**せながらコートへ**向か**っていた。

うんうん……、なんとか走れるぞ。

まるでドラマのワンシーン。

ラスト10分。

不在だったエースの登場。
あぁ、もう!

完全に俺ヒーロー!

3組のメンバーが、キラキラした目でコートの真ん中で待っている。

みんな、**不安**だったろ。

後は俺にまかせんしゃい。

そのとき、3組のメンバーと僕の間に、突然ひとつの影が登場し、僕の行く道を阻んだ。

あら?

先生?

静まり返る、グラウンド。

先生が大声で、
先生:「退場!!! 片岡退場ーーー!!」

静まり返ったグラウンドに、よく響くこと響く

こと。

鞘（さや）から思いっきり**刀**を**抜**いた
はいいものの、**斬**ることなく鞘
に戻すこの**気分**は、誰にもわ
かるまい。

背中のナンバー8が、
よりいっそう恥ずかしいわ!

とことこグラウンドの外に戻り、ポカーンと
一部始終を見ていた女子に、

僕:「あ、上着と松葉杖……。うん。ありが
とう……」

カッコ**悪**ぅ〜。

それにしても根本君、
鬼みたいな顔してたな〜……

君と出会ったあの頃
こんな日がやってくるとは
思ってもいなかった

あの頃の君は
まだ汚れを知らない
真っ白な心を持っていた
また硬くぎこりなかった君に
僕は気づかない内に惹かれていたんだ

誰もいない小さな部屋
(洗面所) で
初めて唇重ねたあの時
この瞬間が永遠であって欲しいと
本気で思った

たくさんの恋をしてきたけど
それは君という理想
(極細毛、硬め) に
たどり着くための
道のりにすぎなかったんだね

君は僕の心 **(歯)** と心 **(歯)** の

すき間に入り込み
すべての過去を洗い流してくれた

Two hearts Two hearts Tooth hearts
(歯は命)

唇を重ねあうはど
僕が真っ白だった君を
汚してしまっていたのかな
その事に気づけるほど
僕は大人じゃなかった

君はいつもそこ **(洗面所)** にいて
変わらず僕を待っていた
辛い時も **(二日酔い)**
苦しい時も **(焼肉後)**
僕を受け止めてくれたね
君のおかげで僕は輝けたんだ

いつの間にかそれを当たり前と思う
小さな男になっていたんだ

君の変化に気づけていれば
こんな事にはならなかったのかな

Two hearts Two hearts Tooth
hearts
（歯は命）
唇を重ね合うほど
二人の距離は近づいて
唇を重ね合うほど
二人の別れも近づいた

このまま二人で
ずっと一緒にいる事もできたかもね
でもそれは きっと二人のためじゃない

君が壊れていく姿も
僕が壊れ **(虫歯)** ていく姿も
お互い見たくない

新しいヒト **(歯ブラシ)**
に君を重ねてしまう

そんな弱い僕を許してほしい

貴方が私を求める日
それは決まって空が泣いてる日
（**雨の日**）

初めから思い通りにいくなんて
期待するほど子どもじゃない
貴方には心に決めたヒトいたものね
（**普通の傘**）

暗い暗い部屋（**鞄**）の中
いつも貴方を待っていた

二人に降り注ぐ億千の雨粒を
私はどれだけ受け止められるでしょう
か？
叶わぬ恋の儚さに
つたう雫は涙か雨か

それでも貴方があのヒト
（**普通の傘**）を
選ぶ理由わかる気がするわ

どうせ私は扱いづらい女

CRY CRY部屋（**鞄**）の中
せめて涙は拭いてよね
（**雨に濡れたまま鞄に入れ
ないで**）

二人に降り注ぐ億千の雨粒を
私はどれだけ受け止められるでしょう
か？
貴方を想えば想うほど泣けやしない
代わりに雨がそっと私をつたうの

雨の日も晴れの日も貴方に会いたい
でも晴れの日に私に会いにくる男
（**日傘を使うような男**）なら好き
になってない

※（Rap）
yeah yeah yeah
**無情にも告げられた二人のfuture
（天気予報）
結ばれる可能性は**

50:50
（降水確率50％）
曇りのち雨のラブゲーム
差すか差されるかのラブゲーム
恋のブルペン（鞄）で待つ出番
まだ見ぬ雨雲祈るDAN! DAN!

OMG（神よ）OMG（神よ）
AMG（雨具）
AMG（雨具）

突然降り出したrain
賭けは私の勝ちねbetしたpain

いつかフッと消えてしまおうと想う事もある
でもそれが出来ない事　私も貴方も知っ
ている

どうせ私は貴方に
心も体（**傘本体**）も丸め込まれてい
るのだから

先日、無事に僕たちが出演させていただいていた舞台『あたっく**No.1**』が終了した。

それぞれの個性がぶつかり合い、笑いと感動で溢れた『あたっく**No.1**』。

その個性溢れた猛者たちのなかでも、一際キャラ立ちしているのが直己演じる"**北少尉**"。

彼は、北少尉の役作りのために、なんと**角刈り**にしたのだ。

しかも、生半可な角刈りではない。

角刈りのなかの**角刈り**。

どう見ても、
寿司屋の見習い。

そりゃ、あの長身にあの首の太さであの角刈りは、この世に二人といないだろう。

全体のシルエットでいうならば**つくしんぼう**、首から上のシルエットに関してはもはや**富士山**以外の何物でもない。

キャラ立ちもするはずだ。
そんな富士……、いや元い、直己が北少尉を演ずるのは実は二回目。約四年半前、まだ僕たちがEXILEに加入する前の公演以来だ。実は直己、この時も**角刈り**にしていたのだ。

ただそのころの直己といえば、長めのドレッドヘアが定着していた。

そんな彼が**角刈り**にしたのだ。

ドレッドから角刈り、新宿のNo.1ホストが突然静岡で茶摘みの仕事に転職するような、

はたまた**暴走族**のリーダーが次の日裏原あたりに北欧風のパンケーキの美味しいカフェをオープンするような、とにかくとんでもない振り幅だ。

誰も通った事のない道を行くのが直己。

いや、**誰もが避けて通る道を通るのが直己。**

彼の役作りには頭が下がる。

ただ、そんな直己も、当時角刈りで二代目 J Soulのライヴに出るのは気が引けたのか、なんと行きつけの美容室で7万円もするドレッドヅラをこしらえてきたのだ!

7万円て!

なかなかいい値段! つーか、高っ! しかも僕の記憶が確かなら、事務所に相談して買ってもらっていたような……
事務所の経理の人は、なんて項目で経費として落とすねん!

「**直己ドレッドかつら7万円**」
とでも書けと??

美容代なの? 衣装代なの?

税理士もびっくりだわ!

その日は東京ドームの横の、後楽園のある一角で野外ライヴだった。

お客さんもなかなか集まってくださり、いい感じでライヴは進んでいった。

そしていよいよ二代目 J Soul Brothersの一枚目のシングル『WE!』がかかる。

会場のボルテージが一気に上がる! そして一番盛り上がるであろうサビに突入!

♪We say WE! 一人では不可能な奇跡が起こる〜♪

ザワザワ
ザワザワ

あれ? 何かいつもと盛り上がり違うぞ。

熱狂というよりざわめき。

ざわめきは次第に笑いへと。

長いダンス歴のなかでも、初めての感覚だ。

何かが起きている。
そう思った僕は、
パフォーマンスの手を緩めることなく、
それとなく振り返った。

!!!!

北少尉?

何で、J Soulに**北少尉**がいんの?

何で、J Soulに**寿司屋の見習い**

の**角刈り**りくんがいるの?

直己の後方には、7万円のかつらが無残に転がっている。

サビのド頭で吹っ飛んでしまったらしい。

一生懸命に踊るパフォーマー KITA SHOUI

後方から差す照明のせいか、
富士山のシルエットが神々しくもみえる。

七合目当たりから漏れる光。

まさに**ご来光**。

したたり落ちる汗は、まるで初夏に雪化粧を落として行く富士山にもみえる……って、んなわけあるかい!

♪一人では不可能な奇跡が起きる〜♪

って、**一人**でとんでもねー**奇跡**起こしてんじゃねーか!!

VOL.18
スーパー
規格外ボーイ

自由奔放、規格外……
そんな言葉を聞いたとき、僕はこの人の顔を思い出さずにはいられない。

その名も**ELLY**
(三代目 J Soul Brothers from EXILE TRIBE)。

この方、半端じゃないんです。

神がこの世に賜りしスーパー規格外ボーイ!
もはや神もこの男を手なずけることはできまい。

スマホの画面は常にバキバキに割れているし、充電器を失くしてしまったからといって**プレステを充電器代**わりに持ち歩くスケールのでかさ!

バッグからプレステが出てきたときは、正直吹っ飛んだ。

スマホより充電器のほうが数倍でかいではないか!

日々、スマホを小さく軽くしようという研究に対するアンチテーゼ。

謝れ!

研究者の皆様に謝りなさい!(笑)

ある日、ELLYがモノマネを**習得**したと言ってきました。

ELLY:「直人さん! アニマル**浜口**さんのモノマネができるようになったんです!」

僕:「本当に!? ELLYってモノマネとかやるの!? ぜひ、見せてみて!」

自分から言ってくるくらいだから相当な自信だろう。期待に胸が躍る。

さっきまでの勢いが嘘かのように一瞬黙るELLY。

ELLY:「ちょっと待って下さいね……。あの、1回練習してもいいですか?」

そう言うと、突然振り返り僕に背を向けて、

ELLY:
「オウッ! オウッ! オウッ! おい! 京子〜〜」
と言い始めた。

ダメダメダメダメー!

モノマネ披露する前に、目の前で練習とかダメー!

新鮮さ!

大事な大事な新鮮さ!

次が本番と言われても、**俺見るの2回目だし!**

しかも、突っ込みどころがありすぎて気づかなかったけど、「**気合いだぁ〜**」って言わないの!?

それ、すごいミソよ!?

むしろ、メインの**言葉**よ!?
「気合いだ〜」すっ飛ばして後半から始めてる!!!!!

この人を、**普通の物差しではかる事は不可能**です。

昨年の僕の誕生日でした。

誕生日前日、三代目の仕事が夜に終わり、メンバーそれぞれ帰宅する事に。すると帰っている途中にELLYから突然電話が……

ELLY:「ちょっと相談したい事があるので、ご飯に行きませんか?」

そんな事をELLYに言われたのは初めてだ。

僕:「いいよー! ぜひ! じゃあ、どこにしよっか? 何食べたい?」

ELLY:「いや、場所は僕、決めてあるんで!!」

ただでさえ**誕生日前日**。いつもより勘ぐり精神が働いている僕は、少しの違和感を覚えつつも、まぁ本当に相談だったら申し訳ないし……と思いながら、ELLY指定の場所に向かった。

店に着き通されたのは、**どう考えても二人では持て余すほどの広さの個室。**

僕:「いい雰囲気だねー! ここよく来るの?」

ELLY:
「いや、僕も初めてです……あっ（汗）」

……あれ? 今、"**あっ（汗）**"って顔をした。

僕:「そうなんだー。そしたら、**何**でここにしたの!?」

ELLY:「**な**、なんとなく……」

……怪しっ!

僕:「**で、相談って何!?** どうしたの?」

ELLY:「いやぁ、いろいろあって……。仕事とか……。これからの方向性とか……。まぁ、その……。いろいろ……」

……雑!!!

用意しとけ!

何かしら相談事、

用意しとけやーい!

そのときすでに時は23時半。

この後30分ほど、**一向に実態が見えてこないELLYの"悩み事"**を聞かされるはめになる。

時計の針が0時をさす直前に、ELLYはトイレへと……

なんたるサプライズ!?

これをサプライズと呼んでいいのか!?

いや、いいわけない!
**とんでもない
予定調和。**

どうせなら、僕もサプライズしたかった!

このサプライズに気づいてしまった僕は、これから現れるであろうメンバーに、いったいどんな顔をして会えばいいのだろう。

というか、なぜこの**役目をELLYに!**

俺は、ほかのメンバーに問いたい!
もっといただろう! うまくやれる人。直己とかさ!

直己! お前がいながら、なぜこの役目をELLYに?

ELLYって、遅刻したとき毎回、

「タクシーが捕まらなくて」

と言ってるけど、**寝起き感満載で来るような人ですよ!
嘘**がつけないんです。

ついてもすぐバレるんです。

こういうの、向いてないから!

それをわからないメンバーじゃないはずでしょう?

そして、0時になると部屋の明かりが突然消え、"ハッピーバースデー"と歌いながら入ってくるメンバーたち!

バカ!

返せ、俺の感動!!

でも……、愛あるなぁ。

みんなありがとう。

ちなみに、ELLYはこの役目を
立候補したらしいです（笑）。

VOL.19
気づかれない話

EXILEになって4年と半年。

三代目 J Soul Brothersも、デビューして3年が経ちます。

ふたつのグループに所属しているという事で、テレビに出る機会も増え、たくさんの方々に知ってもらう機会が増えました。

しかし……、僕……、

全然気づかれないんです。

先日、仕事終わりで直己と別れたあと、直己は前のタクシーへ、後のタクシーに僕が乗りました。

すると、タクシー運転手さん、

「あ、**前のタクシーに乗った人、EXILEの人**ですよね一! 実は僕も、このあいだATSUSHIさんを乗せたんですよー!」

……

え?
今、バックミラー越しにめっちゃ目が合ってましたよね?

そんなに目を爛々と輝かせて言われましても。

今も、乗せてますからねー。

僕:「へぇ、そうなんですかー」

しばらくして僕の家に近づいたころ、その運転手さんはあろう事か、こんな事を自慢げに話してきました。

運転手さん:「お客さん、知ってます? この辺にEXILEが住んでいるらしいですよ!! 仲間の運転手が、この前乗せたって言っていました」

……

うん、それ……**俺**ね!!

今あなたが乗せている、あなたの左ななめ後ろに座っている……
俺のことね!!

なんだろ、この気持ち! 気づかれた場合、家がバレるのは嫌だけど、なんとかして気づかせたい葛藤!

まぁまぁ、仕方ないですわ! EXILEのファンではない噂好きのおじさんかもしれませんしね。うんうん、よくある。14人もいますしねー。

その数日後、仕事終わりにELLYと別れタクシーへ……

タクシーの車内に入ったとき、あまりの衝撃で、僕はまだ歩いていたELLYを呼び止めました。

僕:「ELLY! ヤバイ!! このタクシー、座席が全部ヒョウ柄!! しかも車内がLEDでめっちゃカスタムされてるし!!」

それを見たELLYも大興奮。どう見ても、普通のおじさんがタクシーをまるでヤン車仕様にしているのだ。

いくらかかったんですか!? どうしてこんなふうにしたんですか!?
など、会話もだいぶ盛り上がった。

そして出発して話も一区切りついたころ、天井をおもむろに見上げた僕の目に、とても見慣れた文字が飛びこんできた。

TAKAHIROくんのサインだ。

思わず僕は聞いてしまった。

「何でTAKAHIROくんのサインがあるんですか!?」

運転手さん:「いやぁ、**僕EXILEの大ファン**なんですよ〜。このあいだTAKAHIROさんを乗っけたときに、TAKAHIROさんもこの内装に驚いてくれて。話が弾んだ勢いでサインを頼んでしまいましたー」

ほほう。

"大ファン"ときましたか。

そうですか。そうですか。
僕もさっき、**話が弾んだ**はずなんですけどね〜……

頼むほどの勇気が、お出にならなかったのかなー?

あれ?

俺、マスクしてたっけ?

いいや!

してない!

それとも俺、**サングラスかけてたっけ?**

いいや!

かけてない!!

真っさら正真正銘の

NAOTOですが!!!!

運転手さん:「それにしても、お客さんよくTAKAHIROさんのサインってわかりましたねー。すごいですね!」

大人げもなく、このうえないふてくされ顔で、

「別に……」

と言ってやりました。

こんな気づかれない話をいろんな人に話すと、たいていみんな、

「本当は気づいてるけど、気を遣って声をかけないだけだよ」

なんて、気を遣ってくれます。

このあいだ、仕事の合間に青山を歩いていました。
すると前方からカップルがやってきて、すれ違った瞬間、後ろから

彼女:「え? 嘘?」

彼:「いや、違うでしょ」

彼女:**「絶対そうだよ!」**

彼:「EXILEはこんな所歩かないよ」

そんな事を言いながら、僕のあとをついてくるカップル。

声をかけたくても、後ろからだから確証がないため、声をかける勇気がないようだ。

まぁまぁ、うれしい事ではないですか! こんな僕があの一瞬で気づいてもらえるなんて! ありがたい事ですよ。

わかりましたよ。

僕から最後にパスを出しますよ。

そう思い僕は、それとなーく後ろを振り返って、カップルに顔を見えるようにした。

さぁ!!

これで確証が得られたはずだ!

来なさい!

思う存分声をかけたまえ!

僕と目が合った彼女が彼氏に

彼女：「あっ！ ごめん！ **全然違った！**」

もっと頑張ろう。

そう思う今日このごろでした。

表紙を顔のアップにしたのは、**少しでも顔を覚えてもらいたい。**

そんな気持ちの表れなのかもしれません。

※ちなみにNAOTOさんの"少しでも顔を覚えてほしい"という気持ちが表れたのはこの表紙。VOL.68 月刊EXILE1月号 要CHECKです!!

VOL.20 死ぬまでに言いたい10の事

この世の中は言葉であふれていますね。

愛の言葉、優しい言葉、傷つける言葉。

今日はそんななかでも私NAOTOが、死ぬまでに一度は言ってみたい珠玉（わたくし）のカッコイイ言葉、厳選10選を2ヵ月にわたり、ご紹介したいと思います。

まず1つめ。これは本当の意味で死ぬ前に言ってみたい一言。

「あなたがこれを読むとき僕は、きっとこの世にはいないでしょう」

手紙だね。

きっと、手紙なんだね。

これはいつ聞いても絵になる一言ですねー。ドラマがすんごい詰まってる。ビデオレターとかでもいいね！ その場合、"観るころ"だろうね！ あと渋いところを突くなら、ボイスレコーダーとかね！「どんな顔してんのかな？」みたいな、シズル感がありますね。

しかし、なかなか勇気のいる一言ですよ！ "もしもこの世にまだいてしまったら!?"と、僕なんかは考えてしまう。決まるものも決まらない！ 一回自分でハードルを上げてしまっただけに、こっぱずかしい!! ハイリスクハイリターンとは、まさにこの事。あ……、でもいたらいたでみんなが幸せなのか。

それでは2つめ。

「補助輪もビート板も使った事がないです」

これはカッコイイ!! なにその自信！

言っている顔が目に浮かぶわ！

この言葉は言うときの表情のつけ方に注意が必要です。できる限りサラッと言いたいものですね。

それにしても、じゃあ最初から補助輪なしで自転車に？ ビート板なしでスイミング？ そのチャレンジ精神たるや！ "気づいたらできるようになってた"みたいなやーつか!?

これを友達から聞いたら、とてつもない劣等感を抱くわ。それにしても男らしい。

そして、"親は何していたんだ!"と言いたくなる一言です。

それでは3つめ。

「急げ！ 女、子どもを先にいかせろー!」

出た!! ヒーロー系!

やっぱりカッコいい言葉集ともなると、ヒーロー系は必ずランクインしてきますね!

たぶん、地球に未曽有の脅威が差し迫っているんでしょうね!

そんなときでも、女性と子どもを先に行かせる精神。見習いたいものです。

4つめ。

これはカッコいいというか、僕にとっては憧れの一言です。

「食っても食っても太らないんだよねー」

出たー! うらやましすぎる。

こちとら毎日トレーニングして食事にも気を遣って、炭水化物と縁を切っているにもかかわらず、たまにぽっちゃりしてきて、いったい俺はずっと何を追いかけっこをしているんだ!? みたいな気分になる事もあるっつーのに。あなたはそうおっしゃる!?

深夜のラーメンもカレーも意に介さない!

そんな身体、どこに売っているんですか?

まさに直己がこれです!
いつも羨望の眼差しで見ています。
それでは最後。

「いろんな偉い先生や学者の人たちが、僕におんなじ質問をしてきたよ」

そこはかとねぇ! いとそこはかとねぇ!

なんともいえない一言です。

確実にそんな偉い先生や学者さんより格上の人じゃん!

いったい何者感!

たぶんどこにも属していないんでしょうね!

どっかのすごい大学や大病院からのオファーをことごとく蹴って、山奥でひとり生きるという事をひたすら考え、本を読みふけっている。そんな人でしょう。たぶんだけど。

いやぁ、いろいろありますね!

10に絞るのは、実に難しい!

次回もカッコいい言葉たちをご期待下さい!

アリーヴェデルチ!

(さよならだ!)

116

CHAPTER —— SIX —— EXILE MAGAZINE —— FASHION SHOOTING PART.02

125

P. WILLIAMS

SUNSET

CHAPTER — SEVEN

OKINAWA

photography_Tany

HAISAI

BEACH

BLUE SKY

NANKURUNAISA

MENSORE

VOL.21 死ぬまでに言いたい10の事

さて、今回も前回に引き続き、死ぬまでに言いたいカッコいい台詞をご紹介したいと思います。

それでは6つ目はこちら。

「見ない顔だけどこのビーチ初めて?」

何ですかね? このカッコいいんだけどちょっと**鼻**につく感!

きっとサーファーなんでしょうね。でも彼が波に乗っている所は誰も見た事がない。もはや伝説と化している。その風貌や貫禄でこのビーチでは彼の右に出る者はいない。

そんな事からついたあだ名は、**海人（ウミンチュ）**ならぬ**砂浜人（ハマンチュ）**。

海の様子をみて小さくボソッと「**来る**」なんて言ったら、でかい**波**が**来**たり、**嵐**がやってきたり……

こうやってこのビーチの初心者を見つけては、このビーチのルールやスポットを教えてあげる。
もう少し仲良くなったりしたら「**あんまりこの海を舐めない方がいい**」なんて言い出しそうですね。

これはきっと、僕のサーファーの方々への憧れからきているんでしょう。

それでは7つ目。

「私は医者ですが……クランケ（患者）はどこですか?」

きっと機内です。突然、あるお客様が持病の発作を起こしてしまった。

焦るCA。

不安たっぷりに叫ぶ。

「お客様の中に! お客様の中にどなたかお医者様はいらっしゃいませんか!?」

そんな時にズバっと決めたい一言です。

カバンからおもむろに聴診器を取り出し、首にかけていたらよりベターです。

続いて8つ目。

「ん? 何? そうか! 買いだ! 今すぐ5億全部つぎ込め!」

株ですね。

株をやっているってだけで、なんだかかっこ良くないですか?

会話のなかでジャスダックがどうとか、N.Y.のダウがあーでもない、というフレーズを出してみたいですね。

ぜひデートのとき、証券会社の前の電光掲示板の前に立ち止まって、

彼女に「あ、ちょっと待って! ……値動き激しいなぁ」と呟いてみて下さい。モテます。多分だけど。

からの、9つ目。

「持続するコーヒー感が甘さの感覚で終わるコーヒー……それがスペシャルティーコーヒーの定義です」

これは実際、ロッキンコーヒーフィジカル先生ことTETSUYAさんが放った驚愕のパンチライン。1行目から理解できずつまずいて、そのあとの言葉が全く入ってきません(笑)。

スタバのオープンテラスとかでぜひ言ってみたいですね。店員さんに嫌がられること間違いなしです。

最後に10個目。

「目を閉じるんです。そ

うすると音楽の神様が教えてくれる。あとはギターを手に取り溢れ出すメロディを紡いでいく。僕にとって作曲とは、そういうものなんです」

天才ですやん! みんな必死こいて頑張って作曲しているのに目を閉じるだけて!!

なんかよくわからないですけど、めっちゃ鳥とか小動物とかと仲良さそう。

たぶん年に1曲しか出さないけど、それがめっちゃ売れちゃうんでしょうね。

確実に結果を出してからじゃないと言ってはいけない、ハードルの高い一言です。

さて2ヵ月にわたってお送りしてきた「死ぬまでに言いたい10の事」。

皆さんいかがでしたでしょうか?

この言葉たちがいつか、皆さんの口から話される事を願って……

アリーヴェデルチ!
(さよならだ!)

VOL.22
世にも**恐**ろしい
その**計画**

昨年の夏の事でした。

僕はメンバーのSHOKICHIと、『フレネミー』というドラマの撮影で、その期間ほぼ毎日、撮影地である木更津に通っていました。

そこで僕は、とんでもないものを発見してしまったんです。

木更津で、こんな計画が水面下で進められていたとは……

その計画は、木更津で僕たちが楽屋代わりとして使わせて頂いていた、今は使われていないビルの、もともとスナックだった場所で行われているようでした。

スナックの**店名**をカモフラージュしたって、そんな簡単に僕は騙されませんよ。

こんな**店名**なんて、あるわけないですからね!?

いったい、どんな計画なのか?

政府が秘密裏に進めている、非常に**壮大**な**計画**であることは
間違いないでしょう。
その名もこちら。

恐ろしい。

恐ろしすぎる。

環境破壊、争い、人類は自分たちのために、さまざまなものを犠牲にし、さまざまな問題を生み出し続けている。

これ以上の問題が増えると、地球は壊れてしまう。

「そんなんだったら、**人類全員**イルカにしちゃえばよくね?」

きっと、始まりはそんな科学者の些細な一言だったんでしょう。

人類がイルカになれば争いも消え、さまざまな問題も解決する。
そう、イルカ時代の**幕開**けとなる。

確かに、響きとしては聞こえがいいし、**画**としても**楽園**のようだ。

しかし、我々がイルカになってしまったら

150

……

誰がイルカショーをやるってんだい!?

誰がイルカさんの口に乗り、ジャンプしたりするんだい!

幸せな家族の日曜日の過ごし方の選択肢がひとつ減ってしまうではないか。

いや、むしろあの訓練されたイルカの中には、この計画でイルカになった元人間の方々がいると考えたほうが自然か。

でなきゃあんなに聞きわけがいいわけがない。

すでにその計画の犠牲になった方々がいる証拠に、店の奥の部屋の扉には決定的証拠が。

きっと、この部屋で何人もの人類が

……、いや何頭ものイルカが誕生しているに違いない。

この月刊EXILEが世に出るころには、もしかしたら僕は、政府から口封じのためイルカにさせられているかもしれない。

イルカショーで、ひときわいい動きをしているイルカがいたら、それは僕です。

………

散々茶番やってきたけど、一言言わせて下さい!

ネーミングセンス!!!（笑）

営業していたころに、一度でも言ってみたかったなー。

「**今日、イルカ計画行く?**」

**VOL.23
スーパー
規格外ボーイ2**

皆さまは、覚えていらっしゃるだろうか?

ちょっと前にこの連載で書かせていただいた、スーパー規格外ボーイこと三代目 J Soul BrothersのELLYの事を。

神がこの世に賜りしスーパー規格外ボーイ。

神が創造して彼をこの世に送ったにもかかわらず、**神の想像を遥かに超えている**この男。

神にとっては、**長い間稽古をつけてきた弟子に抜かれる感覚**。

悲しくも何処か喜ばしい。

神も今頃こんな事を思っているに違いない。

あいつ、**伸びしろ半端**ねぇ。

何でもそんな彼、最近ラップを始めたようなんですが、そのラップをする時の名前がCRAZYBOY。

自覚ありか! つって。

自覚ありのCRAZYはまずいだろ!

そんな彼、突然昨年末にこう宣言したんです。

ELLY:「僕、ベジタリアンになりました!」

当然、メンバー一同驚きました。

なぜならELLYは肉が大好きだったし、それ以上に肉が似合う!

そんなELLYがベジタリアン??

でも、ELLYの事だとみんな話半分に聞き、ふざけていつまで持つか賭けをして1週間だの1ヵ月持てばいいだの言いたい放題。

そんなみんなのふざけた空気に対して、彼はいたってまじめになぜ自分がベジタリアンになったのか熱弁し始めました。

ELLY:「牛とか豚とか魚とかその肉を見ると、**生きていたころの姿**をリアルに**想像**してしまって、どうしても食べられなくなってしまった」

なるほど、なるほど……

まぁ、わからないでもないです。
確かに、リアルにイメージできてしまったらかわいそうという気持ちにもなったりしますから。

そんな時でした。

スタッフの方が気を利かせて下さり、差し入れにサンドイッチを買ってきてくれました。

メンバー皆、BLTやタンドリーチキンなど各々選び、さぁ食べようと思って横にいるELLYを見ると……

まさかの**海老**アボカドをがっつり選んで、今にも食べようとしているではないか‼

ダメダメダメ‼

海老はダメ〜。

思いっきりお肉じゃん!

海老のお肉じゃん!

さすがに賭けの中でも2分でやめるなんて言ってる人はいなかったわ!(笑)。

大波乱が起こるところでした。

僕:「ELLY、海老はダメだよ!」

ELLY:「え⁉ そうなんすか⁉ **海老も**ダメなのかぁ〜。つらいなー」

……ん? いや、ちょっと待って!

生きていたころを**想像**しちゃうんじゃないの?

想像しちゃうから**食べられない**んじゃないの⁉

軸、ブレブレですやん!

ELLY、海老だって生きてたんだよ〜。

そんなELLY、いまだベジタリアン継続中です。

やめる時のエピソードをしばしお待ち下さい(笑)。

VOL.24
スーパー
規格外ボーイ3

さて、今回も前回に引き続き、**神がこの世に賜りしスーパー規格外ボーイELLYの規格外伝説を**ここに記したいと思います。

先日おかげ様で大盛況に終わった三代目 J Soul Brothersのツアー"BLUE IMPACT"のツアー中での出来事。

ライブ中に投げるフリスビーには、毎回メンバーのサインと一言を書く事になっていました。

ツアーの始まりの地は**福岡**、福岡初日が明けツアー2日目の本番前に一生懸命フリスビーにサインを書いているELLY。

ふと見ると……

あれ? ELLY!!

間違えちゃってるよ!

今日は**2日目**! 初日は昨日終わったよ!

しかももう何枚も書いちゃってるじゃん。

まぁでもここまではかわいいものだ。

そのフリスビーは残念だがボツにして書き直せばなんとかなる……と思いきや、そこはスーパー**規格外ボーイ!!**

そんな簡単に心は折れない。

なんか変なキャラクター出てきた(笑)!

竜巻に目がついてるなんとも言えないキャラクターだ。

初日の"初"を消して、それでピンチを凌いだつもりなのか!?

でも待てよ。"日"を残したところでやっかいだぞ。
2日! と書くわけにもいかないし。

それにELLYも気づいたのか、すぐさま修正。

154

あっ! でっかくなった（笑）! しかも今度は手が生えてる。

なんだろ? この子どもが成長した喜びにも似たこの感覚! ってなるかい!!

こいつはいったい誰なんだ!?!?

しかしELLY……
一言メッセージとサインが定番のこのフリスビー。

いったいこの絵には何のメッセージが含まれていると言うんだい?

何かの暗示なのか? はたまた予言めいた何かも感じる。

それは受け取ったその人が、探していかなくてはいけないものなのかもしれない。

重いわ（笑）!!

もはや手詰まりだ。もうどうにもする事はできない。
そろそろ書き直しなさい!

そこでELLYは最終手段に出た。

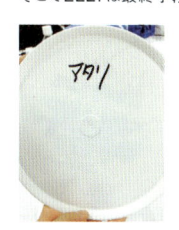

コラ!

おちゃめにも程があるわ!

これもらって「わーい! アタリだ!」ってなるかい! フリスビーひとつでこんなにも展開のある男。さすがだ。

ちなみにこれは新潟公演の際の番外編だが、ELLY……

"新潟"くらい漢字で書きなさい!

いつもネタをありがとう（笑）。

VOL.25
スーパー
規格外ボーイ4

またしても!?

と、思う読者の方もいらっしゃるかと存じますが……、はい、そうです!

今回もこの**地球上**もっとも**規格外な男**、
いや地球上を超え**宇宙**、

もはや**"神超え"**までをも果たした男、
三代目 J Soul Brothers ELLYの規格外伝説をここに記したいと思う。

あれは、BLUE IMPACTのツアー中のときの事でした。

以前お伝えしたように、ツアー前に突然**ベジタリアン宣言**をしたELLYは、

ツアー中も**頑**なにベジタリアンメニューで通していました。

場所は福岡。

毎回福岡に行くと、行きつけのご飯屋さんがスパムおにぎりを差し入れしてくれるのがメンバーの楽しみ。
今回もそのお店の方は、律儀にスパムおにぎりを差し入れして下さいました。これが本当にうまい。

本番前の腹ごしらえとしてはもってこいなので、ヘアメイクをしているELLYの横

でメンバー一同がっついてました。

もちろんELLYは、ベジタリアンなのでそこは手をつけません。

しばらくしてウォーミングアップから帰ってきた僕は、先ほどELLYが座っていた席でヘアメイクをすることに……

ふとテーブルに目をやると、ELLYが使っていたであろうメイク用のスポンジが、そのまま放置されているではないか!

よく見る光景だ。

実を言うとELLYは、使ったものを片付けず、たまに**直己先生**に怒られる。

「またか……」と思いつつも、新しいスポンジを出すのもめんどうくさいし、「裏側を使っちゃおうかな」と思い、そのスポンジに手を伸ばした瞬間でした!

グニョ……
え?"グニョ"?

スポンジなら、フワとかじゃね?

スパムじゃねーか!!!

油たっぷり、ヌルっヌルの
スパムじゃねーか!!!

紛らわしいわ!

明らかに引きで見たらスポンジっぽいわ!

てか、なんでこんなところにスパムが!?

メイクさん：「先程、**ELLYさんが食べられました」**

食べたかったんかい!!

本当は
食べたかったんかい!!!

しかも、スパムおにぎりの
主役に対しての扱い!

白飯と食いなさい!

スパムもびっくりしてるわ!!

主役と思って引き受けたらセリフもない、**登場シーンも少ない**、ましてや二番手だったはずの**白飯**が**主役扱い!**

スパムの事務所も、「こんなんじゃうちのスパムを出す訳にはいきません」って抗議してくるわ!

はぁ……、ツッコミ疲れた（笑）。

規格外ボーイの伝説は、
ひとまずこの号で一区切り打ちたいと思う。

ただ、伝説はこの先も続いていく事だろう……

VOL.26
人生ほの字組

この連載を始めてからはや2年半。

時が経つのは早いものです。

さて、2年半の間、この「人生ほの字組」というタイトルを掲げてきたんですが、そういえば人生ほの字組について書いた事がないなーと思い、今回いよいよ重い腰を上げたのであります。

なぜ重いかと言いますと……

特に語れるほどおもしろい話がないからね!

まず、この人生ほの字組というのは、僕が高校時代に組んでいた、お笑いトリオのグループ名なわけで、本当にそのころ、ダンスかお笑いどちらの道に進むか悩んだときもあったわけで……

そんなお笑いトリオの話なんて、笑える話がいくつもありそうなもんだけれど、振り返っても特にないわけで……
ただ、あのころ僕たち3人は、毎日笑っていました。

そう、つまり人に話しても伝わらないようなロクでもないことで、自己満足的な笑いを毎日楽しんでいたって事です。

メンバーは、**僕とイクオと林**の3人。

一応コントや漫才をやっていて、学校では新入生歓迎会や文化祭などのイベント行事で披露したり、司会もやったりなんかしていました。

僕は当時ボケをやっていて、イクオが突っ込み、そして林はなぜか**ヤンチャ**という立ち位置でした。

ヤンチャって何だ?(笑)

林は突然予想外の事をするのがおもしろいから、ある程度泳がせてみよう。

そういう期待値も込めてのヤンチャ……

ただ、ヤンチャという立ち位置になってから、**林のヤンチャが減った**のは言うまでもない。

そんなの決めてやるもんじゃないからね!

決めてやっている時点でまったくヤンチャではない(笑)!

結局、林とイクオは進学の道を、僕はダンスの道を進む事になりました。

若さゆえの甘さか「**25歳までにパッとしなかったら3人でお笑いの道に進もうか**」なんて冗談を言っていたが、**25歳を迎えた僕はEXILE**になった。

自分で言うのもなんだが、パッとしたところの騒ぎではない。

自分の人生に奇跡が舞い降りたのだ。

そして、林は塾の先生に。
うん。うん。

それぞれ自分の道を進んでいる。

そしてイクオは、埼玉県は川越市の民家で、まだ使われている井戸があるかを調べるバイトを。

え?

ごめん。

何? そのバイト?

突っ込みどころがありすぎて、どこから手つけていいかわからないわ!

まず、どこで募集しているんだ!?

そんな、ものすごい限定されたバイト。

地域はもちろん、期間も限定されている。ただひとつ言えるのは、2009年の川越市の井戸事情は

イクオに守られていたという事だ。

EXILE、塾の先生、井戸の達人（埼玉県川越市のみ）

なかなかバラエティに富んだそれぞれの道だ。

ヤンチャのはずの林が、いちばんヤンチャじゃない職業になったという、何とも皮肉な話である。

しかし高校時代は、昼休みにありもしない部活同好会の勧誘活動を新入生の教室にしに行ったり、

めちゃくちゃ真面目で固い倫理の先生に、授業中に何とか黒板に「祭」と書かせてみようと必死になったり、

次の年に入ってくる新入生の受験合格発表の日に、わざわざ3人で中学時代の制服を着てきては「受かったー!」と必要以上に騒ぎ、本当に受かった後輩たちに胴上げまでしてもらったり……
（今思えば、いろいろな方への配慮が足りなかったと反省）……、

とまぁとにかく自由だった。

あんなに自由に毎日過ごしていたのは、

VOL.26
人生
ほの字組

後にも先にもあのときくらいだ。

そう、たとえて言うなら、小学校のプールの授業。

授業のやるべき事はすべて終わったが、授業の終わり時間まではあと15分残っている。

プールサイドで体育座りさせられる子どもたち。

先生:「んー……、あと15分どうしようかー」

子どものひとりが呟く。

子ども:「自由……」

すると他の子どもたちが一斉に反応する。

子ども2:「**自由!**」

子ども3:「**自由!**」

その渦はしだいに大きなうねりとなり……

子どもたち:
「**自由! 自由! 自由! 自由!**」

子どもたちの自由を求める運動が始まる。

そこでたまらず先生。

先生:
「**はい! 静かに! しーずーかーに!**」

少し厳しめに言う先生。

黙る子どもたち。
暫くの沈黙。

先生さっきの厳しい表情から一転してニコッと笑い、

先生:「じゃあ、**自由!**」

子どもたち:
「**わぁーーー!**」

ってときの自由感がずっと続いていたような……

**毎日マリオの
スター状態。**

本当に、青春って
自分だけが楽しい思い出ですよね。

それを唯一共有できる人の事を
「**親友**」と呼ぶのかもしれない。

VOL.27
言い間違い

言い間違いって、どこか風情がありますよね。

決して狙っていない偶発的な笑い。

そこには、笑いをとってやろうなんて邪心は存在せず、なんなら真面目も真面目。

その真面目さが、真面目であればあるほど、そして状況が笑ってはいけない状況であればあるほど、その言い間違いは旨味が増してくるものです。

本日は、当店の選りすぐりのシェフたちが、腕に縒りを掛けた**言い間違い**のフルコースを堪能して頂けたらと思います。

まずは前菜から。

本日の前菜は、旬のものをご用意いたしました。

ただいまの旬といえば、何といっても、先日からスタートしたEXILE TRIBE LIVE TOUR。

その最初の地である大阪で、初日を終了したあとの反省会での出来事。

初日の反省会は、つまりいろんな反省点があり、次の日に向けてどれだけ修正できるかといった、すごく緊張感のある会議。

LIVEのセットリストの順番どおり、一曲一曲丁寧に反省点を出していく……
それは、皆さまもご存じの『VICTORY（ビクトリー）』に差し掛かったときだった。

そこにいらっしゃったスタッフのおひとりが、突然こうおっしゃった。

「あ、そういえば**ビクトリア**で気になった事があるんだけどさ……」

ビ、ビ、**ビクトリア?**

つまり、

VICTORIA!!

って事ですかね?

英国王家的な?

それとも、かの有名なベッカムの奥さま的な?

しかしよくよく調べると、VICTORYの語源はVICTORIAという事がわかった。

なるほど。語源から攻めるパターン。あえてね。
きっとそうだろう。いや、そうに違いない。

そんなお洒落な計らいにも気づけずお恥ずかしい。

ただそんな小さな言い間違いが、真面目な空気感のなかで僕たちに与えるダメージは大きい。

なかなか味の染みている旬の食材だこと。

もちろん、誰も何も訂正せず、黙って心の奥で味わう事にした。

続いては、スープをお出し致します。

今回のスープは、趣向を凝らしております。

これは言い間違いというのかよくわかりませんが、とりあえず当店イチオシのシェフ、**CRAZYBOY**こと**ELLY**シェフが、腕に縒りを掛けたスープでございます。

何かの話の流れで、仮面ライダーの話になった。

どうやらELLYは゛藤岡 弘゛さんを言いたいようで、

「あの、顔がすごく濃くてダンディな方……ものすごく渋い方……」
なんてワードを出しながら、やっと出た名前が、

「あっ! **ふじこひろし**さん!

あれ? 何か違う。

あっそうか! **ふじおひろし**さんか!」

惜しいな!

あと少し!

って、待てよ?

惜しいとか惜しくないとかそれ以前に……
前者と後者の苗字を足したら、思いっきり**藤子不二雄**になってますやん!

仮面ライダーの話なのに、思いっきりドラえもんに引っ張られてますやん!

こんな調理法は、たぶんELLYにしかできないであろう。

さすがです。

そして、一品目のメインディッシュ。

これは、TBSの『EXILE魂』という番組でお世話になっていたスタッフさんの言い間違い。

この方は、言い間違いのスペシャリストで、その方の生み出す作品は大胆かつ繊細。
そして何より独創的で、EXILEメンバー

VOL.27
言い間違い

も足繁く通う名店の名シェフであった。

ある回の収録前……
その日は、三代目 J Soul Brothersも出演させて頂くことになっていた。

本番前のリハーサルで、段取りのすべてをその方が取り仕切る。ハキハキと大きな声で。

「EXILEメンバーの皆さま、こちらにお座り下さい!!」

「ゲストの皆さまは、こちらです!」

「そして、三代目 J Soul みなさんズの方々こちらです!」

嘘でしょ(笑)?

わかるよ! 気持ちわかるよ!!

三代目 J Soul Brothersのみなさん、って言いたかったんですよね!?

でも急に、その流れで日本語くる?

それでも律儀に**「ズ」**はつけるのね!

急に親しみやすさ全開だわ!
大胆!

今までの料理の概念を覆すような、独創的な作品だ。

フレンチと和がひとつの皿で、こんなにも見事に共存し得るとは。

さしずめ飛騨牛のポワレ 赤ワインと和三盆ソースを添えて、と言ったところか。

ぜひ、重めの赤ワインと合わせてマリアージュを楽しみたい。

そして、メインディッシュ2品目もこのシェフの作品。

それも『EXILE魂』収録のときだった。
その日のゲストは、なんとあの加山雄三さん。

その日はLIVE方式での収録だったので、現場では細かい段取りなどのリハーサルが進められていた。

EXILEが出番を終え、いよいよ次は加山雄三さんの出番。

加山雄三さんが出るのはサプライズなので、そのスタッフの方が本番さながらのテンションで加山雄三さんを紹介する。

「さぁ!! 続いては、スペシャルゲスト**加山登場さんです!」**

コラ!!

そこはさ!

ほら!

ちゃんとしてほしいところ!

そして、さっきもやったじゃない!

一緒になっちゃうやつ!

学んでこ!!

ゆっくりでいいからさ!!

そんな事を言ったら、西城秀樹さんがゲストだったらどうなっちゃうの?

「西城登場さんです!」

とでも言うわけですか!?

ものすごい韻を踏む事になるよ!

料理界に一石を投じるような挑発的な作品だ。

食べる方もなかなか勇気がいる。

いやむしろ、そのまま下げて頂きたい。

最後にデザート。

ここまでガッツリした料理が続くと、さすがに最後はサッパリといきたい。

これは三代目 J Soul Brothersの山下健二郎シェフの作品。

身構える事なく、サラッと食べて頂きたい。

高知県の番組へのコメントを収録していたときだった。

高知の名産と言えば? という質問に対し、うちの健二郎は、

「えーと、名古屋コーチン?」

高知、こうち、コウチ、**コーチン**

って、やかましわいっ!

安易か!

たとえコーチンの響きに引っ張られたとしても、その前にはっきりと〝名古屋〟って言っちゃってるから!

まるでシャーベットのように、サッパリと一瞬で口の中で消えてなくなるような、そんな健二郎らしいデザートでした。

またのご来店、心よりお待ちしております。

VOL.28
タイ航空の人

不思議な経験をした事がある。

ちょうど10年前くらいだったか……20歳を過ぎたころの話だ。

そのころはもちろん、自分がのちにEXILEになるなんて微塵にも思っておらず、僕はしがないただのダンサーだった。

当時は週に何回かインストラクターとしてレッスンをしながら生活していた。

毎週日曜日は、上野のとあるダンススクールで教える日。

その日も、いつものように上野駅に着き、改札を出ようとしたときに、何か違和感を感じた。

今、ものすごい誰かに見られたような……

振り向くと、そこにはアジア系の外国人女性が一人。一瞬だけ目が合い、彼女もそのまま逆方向へと歩いていった。

僕も一瞬の事だったので、見られたのは気のせいかと思い、急ぎ足でダンススクールへと向かった。
そして、ダンススクールに着いた僕は目を疑った。

スクールの入り口に立っているのはまさ

に、さっきすれ違ったアジア系外国人女性ではないか!?

しかも、その方の視線は真っすぐこちらを見据えている。

まず、さっきすれ違って彼女は改札口のほうへ向かったのに、なぜ自分より先にこっちに着いているのか?

そして、改札に向かった彼女は、なぜ引き返す理由があったのか?

てか、**俺に何の用!?**

さまざまな疑問が頭の中を交差する。

どうしよう?

突然「あなたの**本当のお姉さん**よ」なんて衝撃告白をされたら……

いや、確かに当時日焼けしまくって、よくタイ人と間違えられていたけど……

ないない!

正真正銘、**埼玉生**まれ!
タイ人の方と知り合ったこともない!

いや待てよ。まだ彼女が俺に用があるとは限らない。

勘違いかもしれない。

そのまま彼女をスルーして、スクールになに食わぬ顔で入ろうではないか……

そして、彼女の横を横切り、スクールのドアに手をかけたときだった……

外国人女性：「アノー……。チョットイイデスカ?」

だよね。

そうは問屋が卸さないよね。

彼女はカタコトの日本語で続けた。

外国人女性：「ナオツサンデスヨネ?」

ナオツ?

複数形?

つまり

NAO's?

いつから俺は、俺一人ではなくなったのか?

いやいや!!

そんな重いテーマ考えている場合か!!

僕：「NAOTOですけど……」

外国人女性：「ア、ソウデス。ナオトサンデスヨネー。私、タイ航空ノスチュワーデスシテマス○○デス」

やはりタイか!?

タイなのかっ!?

このタイとは、トムヤムクンとパクチーくらいのつながりしかない自分に、なぜタイ航空のCAが!?

僕：「あの……、どこかでお会いしましたっけ?」

タイ人女性：「ハジメテデス。デモ、**イツモ見テマスー**」

怖いぞ。

非常に怖いぞ!!

自分の中で、**厳戒態勢**レベル5が発動された。

僕：「いや、見ていると言われても……いったい何で見ているんですか??」

タイ人女性：「**タイ**では**有名**デスヨー」

嘘おっしゃい!!

このタイとは、
ガパオとパッタイくらいの
つながりしかない自分が、

タイで有名なわけないでしょーが!?

それとも何か!?

日本でしがないダンサーをしている俺が、遠い異国の地タイでブレイクしているとでも?

だとしたら、
神のイタズラにも程があるわ!

そして、そのタイ人女性は僕のファンだと言う。

どうやら、フライトで日本に来たタイミングで、僕の教えているスクールに会いに来たらしい。
人生初の出待ちがタイ人女性て!

タイ人女性:「アノー…… コレ……、ヨカッタラ……」

そう言って彼女は、大きな紙袋を僕に渡し、その場を去っていった。

今起きた事が現実だったのか……

しばらくポカーンという感じで。

とりあえずスタジオでのレッスンを終え家に帰った。

そして、家に帰って恐る恐るその紙袋を開ける事に。

中には手紙、チョコレート、Tシャツが入っていた。

手紙にはいかに僕の事を好いてくれているかが書いてあり、しっかりとメールアドレスも添えられていた。

まぁ、申し訳ないが当然メールをするつもりはない。

問題はTシャツだ。

袋から取り出すと、白いTシャツのようだ。無地のTシャツかなと思って広げたところ、胸にデカデカと黒い文字のプリントがあしらわれている。

Rare animal!!

え?

レ、レアアニマル?

珍しい動物……、**珍獣**って事?

いや、あの別に文句をつけるわけではないですが、仮にも好きな人に渡すTシャツ

を選ぶとき、胸に「**珍獣!!**」って書いた
Tシャツ選びます?

ビックリマークの**無駄**な**勢**いに
は、いったいなんの意味があるのだろう
か?

実に謎だ。

そんな出来事から1週間が経ち、また上
野でのレッスンの日がやって来た。

そしたらね……

いらしたんですよ。

その日も。
また真っすぐと、僕を見据えていたんで
す。
とりあえず、頂きもののお礼をしないと
……

僕:「お土産ありがとうございました」

タイ人女性:「ナゼ、メールクレマセンカ?」

する訳ないでしょ。

そんな**冒険心**、僕には**持**てな
い!

タイ人女性:「モウイイデス。コレ以上アワ
ナイホウガイイト思イマス。サヨウナラ」

そう言って、彼女は去っていった。

あれ?

俺、もしかしてフラれた?

何だろう?

この少し切ない気持ち。

こうして僕の不思議な体験は幕を閉じ
た。

ところで、僕まだ
タイで人気者ですかね(笑)?

CHAPTER — NINE — EXILE NAOYA — FASHION SHOOTING FART NO

CHAPTER —— TEN

MYSELF

PART.01 _ DAILY WEAR COLLAGE
PART.02 _ BEHIND THE SCENE

CHAPTER — TEN — DAILY WEAR — COLLAGE

CHAPTER ── TEN PART. 01

DAILY WEAR COLLAGE

──私服コラージュ集──

behind the scene

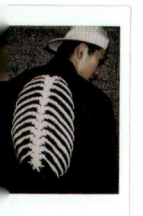
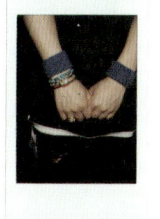

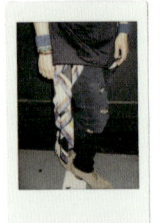

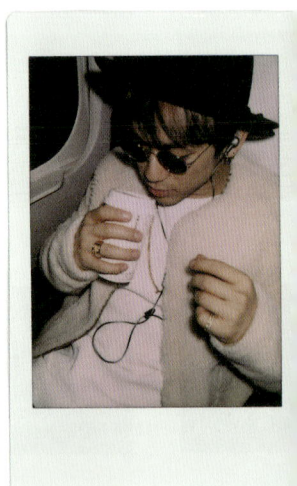

STAFF

composition_
EXILE NAOTO
(EXILE, 三代目 J Soul Brothers)

art director_
八幡耕一 (ARKHAM design)

designer_
大山和哲, 坂井 晃 (ARKHAM design)

photographer_
長山一樹 (S-14)
SHIRO KATAGIRI (TROLLEY)
佐野方美 (KiKi inc.)
新田桂一 (ota office)
蜷川実花 (Lucky Star)
Yoshihiro Makino (W)
Yuri Hasegawa
TAKA MAYUMI (SEPT)
WATARU
畑中清孝 (UM)
五十嵐瑛仁 (TRON)
荒井俊哉 (YARD)
溝口基樹 (mo'design)
佐藤航嗣 (TRON)
Tomoya Tany Taniguchi

stylist_
Lambda Takahashi (Shirayama Office)
服部昌孝
丸山 晃
坂元真澄 (ザ・ボイス)
渡辺康裕 (W)
野口 強
JUMBO (SPEED WHEELS)
Shinichi Mikawa
壽村太一 (SIGNO)
猪塚慶太

hair_
宇津木 剛

make-up_
船引美智子
Yoshiko Kawashima

hair & make-up_
NOBUKIYO
ShinYa (PRIMAL)
石上三四郎 (SUN)

[以上 登場順]

illustrator_
Chocomoo
宮田 翔
THIRTEEN

senior editor_
右近 亨

contributing editor_
桜井麻美

sales_
野田泰嗣

L.A.coordinator_
Kumiko Ashizawa
Megumi Yamano

L.A.fitting support_
坪田敬子

EXILE magazine editor in chief_
EXILE HIRO

LDH JAPAN_
森 雅貴, 森 広貴, 関 佳裕,
伊藤寛二, 加藤良治, 林 拓真

special thanks_
YOON (AMBUSH®), NIGO®,
福間友香 (VANITES),
EXILE TRIBE,
Readers of EXILE magazine

[文庫版]
art director_
山本知香子

photographer_
Christina Paik

Editor_
舘野晴彦 (幻冬舎)
谷内田美香 (幻冬舎)

この作品は二〇一五年七月LDHより刊行されたものに文庫版CHAPTER ONE、TWO、文庫版EPILOGUEを加え再構成したものです。

第PB40230号